60分でわかる！
THE BEGINNER'S GUIDE TO
INDIVIDUAL-TYPE DEFINED CONTRIBUTION PENSION PLAN

iDeCo ［イデコ］
個人型確定拠出年金

超入門

［著］
山崎俊輔
Syunsuke Yamasaki

技術評論社

iDecoを今、始める理由は…

老後に2000万円必要って本当なの?

日本の年金積立金額は世界2位。破たんはしませんし、少子高齢化の今も維持できています
→詳しくはP.10へ

でも、国の年金だけじゃ暮らしていけないって言われているけれど…

夫婦で平均モデルの月23万円の年金で30年間にもらう金額は8280万円! 日常生活費とほぼ同額です
→詳しくはP.12へ

じゃあ、今、話題のiDeCoを始める理由はなに?

老後の楽しみ予算 月5〜6万円	ここが「老後に2000万円」!
夫婦の 日常生活費 月22〜23万円 程度	夫婦の 公的年金収入 月22〜23万円

夫婦で旅行に行ったり、美味しいものを食べたり、孫にお小遣いをあげたり、冠婚葬祭費の出費があったり…この額が月4.9万円。30年累積すると2000万円に! これが老後に2000万年の正体
→詳しくはP.118へ

豊かな老後のための予算は足りないってこと…

NISAや貯金ではなく、iDeCoがおススメなのはなぜ?

iDeCoファーストをおススメする大きな理由は下の4つです
→詳しくはPart 2へ

1	NISAと同じく運用益は完全に非課税。60歳受取時の課税負担も軽い
2	NISAにない所得税・住民税軽減のメリットがある
3	60歳まで中途解約が原則できないから、使ってしまう心配がない
4	令和7年度税制改正大綱で、掛金の限度額が大幅に引き上げられ、積み立て可能年齢も引き上げられる

iDeCoは誰でも始められるの?

原則として、20歳以上65歳未満の人がiDeCoに入れます。働き方によって掛け金の上限が決まってきますが、大幅改正が決まりました
→詳しくはPart 3へ

なるほど! 始めるのにちょうどいいタイミングですね

大切なのはあなた自身の老後のイメージをもつこと。
iDeCoで賢く準備しましょう!
→詳しくはP.118へ

Contents

● 【iDeCoを今、始める理由は…】 ……………………………………………… 2

Part 1
iDeCoを始める前に知っておきたい年金事情 …… 9

001 国の年金、本当に破たんしないの? ……………………………………… 10
002 もしも国の年金がゼロなら「老後に1億円」が必要 ………………… 12
003 実際、国の年金はどのくらいもらえるのか ……………………… 14
004 国の年金を少しでも増やす3つの方法 ……………………………… 16
Column 公的年金が破たんするからiDeCoがある、は本当か ………… 18

Part 2
iDeCoはなぜオススメなの? …… 19

005 すでに342万人が利用しているiDeCoって何? ……………… 20
006 住宅ローン控除のようにiDeCoは所得税・住民税が軽くなる ……… 22
007 iDeCoはNISAと同じく運用益は完全に非課税 ……………… 24
008 60歳以降の受取時、課税負担が軽く非課税の可能性も! …………… 26
009 「60歳以降まで原則解約できない」はむしろメリット! ……………… 28
010 NISAも魅力大だが「iDeCoファースト」で考える ………………… 30
011 iDeCoの運用商品は大きく分けて2つ「元本確保型」と「投資信託」 …… 32
Column 限度額引き上げの予定はどうなる ……………………………… 34

Part 3 いくら&いつまで 積み立てできるのか 35

012	iDeCoの泣き所は「拠出限度額」が複雑なこと 36
013	ケース別限度額① 自営業者、フリーランス 38
014	ケース別限度額② 会社員（企業年金なし） 40
015	ケース別限度額③ 会社員（企業年金あり） 42
016	ケース別限度額④ 公務員 44
017	ケース別限度額⑤ 専業主婦（夫） 46
018	加入年齢の上限は65歳まで（今後70歳までに改正） 48
Column	iDeCoナビを使ってみよう 50

Part 4 どこで始める? 口座開設までに行うことは? 51

019	iDeCoは自由に好きな金融機関を選べる 52
020	チェック① 口座管理手数料に注目して選ぶ 54
021	チェック② 投資信託の手数料は安いほうに着目 56
022	資料請求は数社同時でもOK 58
023	わかりにくいと言われる口座開設申込書の記入ポイント 60
024	引き落とし口座は基本的に自分の給与振込口座を指定 62
025	掛金額の設定、購入商品の指定 64
026	口座開設が完了すれば初回引き落としが開始 66
Column	これでも負担は軽くなった。 口座開設手続きはどこまでラクになる? 68

Part 5

iDeCo運用の重要ポイント 投資信託の選び方 69

027 そもそも投資信託とはどんな商品か? 70
028 投資対象、投資地域、投資信託の運用方針を見比べよう 72
029 投資信託の3つの運用コストを知っておこう 74
030 iDeCoで多く設定されているバランス型ファンドを知ろう 76
031 アメリカでは主流のターゲットイヤー型投資信託とは? 78
032 投資信託を1本だけ選ぶなら…オールカントリーかバランス型ファンドか 80
033 投資信託を複数本持つ場合は運用状況の確認と見直しを 82
034 自分の好みの投資信託を選ぶシンプルな基準とは? 84
Column iDeCoの投資信託ラインナップ、
手数料引き下げ競争では出遅れ気味にご注意 86

Part 6

金利設定が有利な商品もある! 元本確保型商品の選び方 87

035 iDeCoにはほぼ含まれる安全運用の選択肢 88
036 元本確保型商品その① 銀行預金の特徴 90
037 元本確保型商品その② 生保、損保商品の特徴 92
038 元本確保型商品の金利はどのくらい? 94
039 元本確保型商品100%では実質マイナスの恐れ 96
040 投資信託との組み合わせで活かす元本確保型 98
Column 元本確保型商品で年3.0%もらえる時代になったら
運用しなくてもOK? 100

Part 7 iDeCo運用の始め方、続け方 101

041	iDeCoは必ず「ゼロ円スタート」	102
042	iDeCoの掛金額は節約で確保せよ	104
043	少額からリタイアまでコツコツ積み上げていく	106
044	投資信託のスタイルを活用した投資を考えよう	108
045	基本的には「長期・積立・分散」投資を設定	110
046	運用の見直し方法は「配分指定」と「スイッチング」の2種類	112
047	株価が下がっているときの対応に注意しよう	114
Column	初心者ほどiDeCoで投資初体験がいい理由	116

Part 8 iDeCo を活用した老後のお金の準備計画 117

048	「老後に2000万円」は老後の楽しみ予算枠	118
049	退職金・企業年金をチェックしてiDeCoを活用する	120
050	iDeCoとNISAをダブル活用してみる	122
051	夫婦でダブルiDeCoを考えてみる	124
052	自分なりの老後のイメージに備える計画を立ててみよう	126
053	毎月いくら積み立てれば2000万円を目指せるか	128
Column	老後に4000万円も視野に入れよう??	130

- 〈付録〉iDeCoを続けていくために必要な手続き 131
  - ① 企業型確定拠出年金のある会社から転職したとき 132
  - ② 転職したときに掛金額が変わる場合の注意 134
  - ③ 年末調整か確定申告か。税の手続き 136
  - ④ 60歳以降に受け取るとき 138
  - ⑤ iDeCoを受け取るときの税金について 140
- 索引 142

■ 『ご注意』ご購入・ご利用の前に必ずお読みください

本書記載の情報は、2024年12月25日現在のものになりますので、ご利用時には変更されている場合があります。

本書に記載された内容は、情報の提供のみを目的としています。したがって、本書を参考にした運用は、必ずご自身の責任と判断において行ってください。本書の情報に基づいた運用の結果、想定した通りの成果が得られなかったり、損害が発生しても弊社および著者はいかなる責任も負いません。

本書は、著作権法上の保護を受けています。本書の一部あるいは全部について、いかなる方法においても無断で複写、複製することは禁じられています。

INDIVIDUAL-TYPE DEFINED CONTRIBUTION PENSION PLAN

Part 1

iDeCoを始める前に知っておきたい年金事情

001 INDIVIDUAL-TYPE DEFINED
CONTRIBUTION PENSION PLAN

国の年金、
本当に破たんしないの？

◉ 年金積立金が足りない、少子高齢化だから持たないは、ウソ

　年金制度は破たんするという不安論が10年くらい前に盛り上がりました。実はこうした論調は、20年以上前、あるいは40年以上前にもありました。「少子高齢化が進むのですから、年金制度が維持できるはずがない」と言われると不安になり、銀行預金や保険を始めたり、株や投資信託を買ったりしたわけです。

　実際、どうだったかというと国の年金は一度も破たんせず、当時セールストークをしていた本人も国の年金で老後を過ごしています。**年金制度が破たんするというのは基本的にミスリード**です。

　まず、**年金積立金が足らないというのはウソ**です。G7の半数以上の国は年金積立金を持ちません。完全に世代間扶養で運営しています。**日本の積立額はアメリカに次いで2位**ですから、これで足りないなら全世界の年金制度は破たんすることになります。

　少子高齢化だから持たない、というのもウソです。例えば現在で線引きした高齢化率と、約40年後に75歳で線引きした高齢化率は変わりません。今の男性の半数は60歳代後半も働いており、40年後に95歳現役社会となることは確実です。

　最後に、年金制度だけ破たんさせても意味がありません。**仮に年金制度を破たんさせれば3000万人に生活保護**を支給することになりますが、これは全額税負担となりますから国のほうが損です。

　年金破たんと言われると不安になりますが、視聴率目当て（マスコミやYouTuberなど）、セールス目当て（金融機関）、得票目当て（政治家など）などの「動機」に引きずられないことです。

年金破たんを説く人の思惑に引きずられない

金融機関職員:「少子高齢化が続く日本の年金制度がもつはずがありませんよ……不安ですよね！」
（金融商品セールスの枕言葉に使うと効果的。わはは。）

メディア:「年金だけで暮らせない人がいます。「年金破産」の時代です！」
（ごく一部の現象だとしても、年金不安は視聴率や売上に効果的！）

政治家:「政府の見通しは甘く、抜本的な年金改革をしなければ破たんまったなし！」
（実現可能性はともかく、現状の政権を批判したい！）

年金破たんしないシンプルな3つの理由

少子高齢化は怖くない
現在の高齢化率（65歳区切り）と40年後の高齢化率（75歳区切り）は大差ない

2024年、65歳でみる高齢化率
29.3%

2065年、75歳でみる高齢化率
25.5%

年金積立金はなくならない
日本は世界で2位の年金積立金。G7の半数以上の国は年金積立金ゼロ

年金積立金（2024年3月末）
256兆円は世界2位

年金を破たんさせたら国は損
年金制度だけ破たんさせれば、3000万人に全額税金で生活保護支給をすることに

2024年、65歳以上人口は
3625万人

年金破たん論を述べる人の「思惑」や「動機」を考えてから、話を聞くことをおすすめします。現実には年金破たんの心配はありません

まとめ
- ☐ 年金制度が破たんするというのは基本的にミスリード
- ☐ 日本の積立額は世界2位。足りなければ全世界の年金制度が破たん
- ☐ 約40年後でも高齢化率は変わらない

002 INDIVIDUAL-TYPE DEFINED
CONTRIBUTION PENSION PLAN

もしも国の年金がゼロなら
「老後に1億円」が必要

◉ iDeCoが埋めるのは「老後の楽しみ、ゆとりある生活のための予算」

　一時期「**老後に2000万円**」というキーワードが話題となりました。現状でも老後に月5万円程度の不足が生じており、人生100年時代を考慮すれば2000万円くらい必要になるという金融庁のレポート（2019年）が炎上したものです。このとき「国の年金はやっぱり減るのか」「どうせもらえないんでしょう」のような反応がありましたが、国の年金水準低下の問題ではありません。

　日常生活費のほとんどが公的年金収入でまかなわれているのが実態ですし、これは昔から変わりません（前項のとおり破たんもしません）。**国の年金ではあまり余裕がないけれど、なんとかやりくりはできる、というところに年金水準は設定**されています。

　仮に65歳から30年、年金を国からもらうとすれば、**モデル夫婦の月23万円※の累計受取額はなんと8280万円**にもなります。年金生活夫婦の生活費は月28.2万円ですが、これを30年累積すると累計出費額は1億152万円となります。いずれにしても「老後に2000万円」どころではありません。2000万円貯めたところで老後の全ては賄えません。

　では何が2000万円足りないのかというと、これは老後に旅行に行ったり、孫に小遣いをあげたり、夫婦で美術展や映画に行き、冠婚葬祭などのお付き合いをするような部分です。この額が月4.9万円となっていて、まさに老後に2000万円でいう「月5万円不足」となります。**iDeCoが埋めていくのはまさに「老後の生きがいや楽しみ、ゆとりある生活のための予算」**です。iDeCoでがんばるのは飲み食いできないからではなく、たくさん旅行に行く予算！と考えてみましょう。

※年金受取額23万円は「令和6年度の年金改定について」（厚生労働省）より

● iDeCoが埋めていくのは、老後を楽しく過ごすための予算

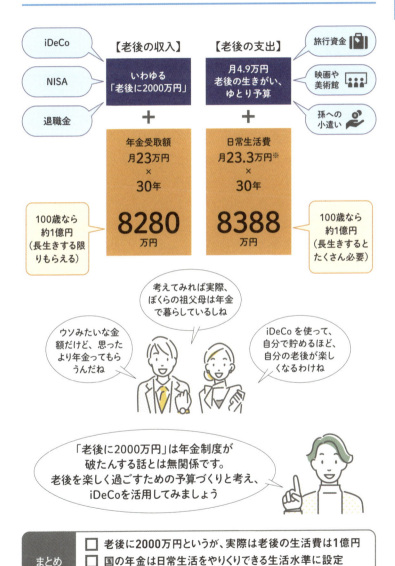

※日常生活費月23.3万円は「家計調査年報（2023年）」（総務省統計局）

003 INDIVIDUAL-TYPE DEFINED
CONTRIBUTION PENSION PLAN

実際、国の年金は
どのくらいもらえるのか

◉ ねんきん定期便と「公的年金シミュレーター」で年金額を知っておこう

　国の年金額、実際のところどれくらいもらえるのでしょうか。**国のモデル年金額は月23万円程度**としています。これは「夫：会社員として60歳まで40年勤務、妻：専業主婦として40年生活」というちょっと非現実的な設定をモデル化したものです。

　今現在、年金生活をしている男性の多くは元会社員で、女性の多くは専業主婦であり、モデルとのズレは大きくありませんでした。しかしこれからの世代はモデルと違ってくると予想されています。

　たとえば「おひとりさま」です。モデルの年金は夫婦の国民年金2人分と厚生年金1人分で合計していますから、シングルの人は自分だけの年金でやりくりすることになります。会社員の場合であれば、**モデル年金の1人分は月16.24万円**です。

　共働きで夫婦ともに正社員である場合、2人分の国民年金と2人分の厚生年金になります。**モデル年金で単純合計すると月32.4万円**にもなります。女性が子育て期間の時短勤務などで給与が下がる分を考慮すると年金は少し減りますが、モデル世帯と比べ大違いです。

　長く働く可能性も年金を増やす方向に働きます。65歳まで働く、あるいはそれ以上働くことで、月1万円あるいはそれ以上年金額がアップします。月5万円の不足に対して月1万円以上の年金額増は大きな余裕となってきます。

　自分の年金額がどれくらいになるかを知りたいなら「公的年金シミュレーター」が便利です。ねんきん定期便と連携すれば年金試算が個人的なデータのもとに行えます。

● モデル年金額は目安。「公的年金シミュレーター」で試算しよう

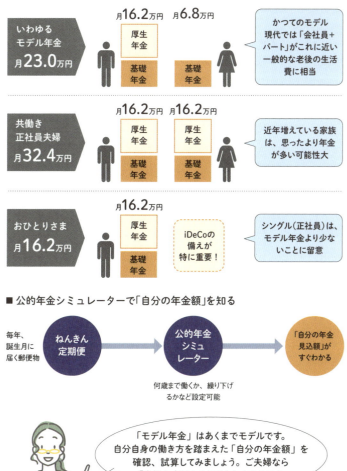

■ 公的年金シミュレーターで「自分の年金額」を知る

「モデル年金」はあくまでモデルです。自分自身の働き方を踏まえた「自分の年金額」を確認、試算してみましょう。ご夫婦なら「夫婦の合計」も知りたいところです

まとめ
- □ 「おひとりさま」の会社員でモデル年金の1人分は月16.24万円
- □ 共働きで夫婦ともに正社員のモデル年金は単純合計で32.4万円
- □ 65歳まで働く、それ以上働くことで月1万円以上年金額がアップ

004 INDIVIDUAL-TYPE DEFINED
CONTRIBUTION PENSION PLAN

国の年金を少しでも増やす
3つの方法

> ◉ 会社員で長期間働き、たくさん保険料を払い、65歳よりも遅く年金をもらう

　国の年金を少しでも多くもらいたいなら自分でできることが3つあります。国任せ他人任せではなくできることがあるのです。

1. **会社員で長期間働く**：まず自営業者や専業主婦のように国民年金だけをもらう立場ではなく、会社員になって厚生年金をもらうことです。それだけで2つの年金がもらえます。また、厚生年金は「長く働いた人」ほど多く年金額が増える仕組みとなっています。いわゆる**「年収の壁」は気にせず厚生年金保険料を払ったほうが将来に得をします**。現在では65歳まで厚生年金に加入する人が増えていますが、これも年金額を大きく増やす選択肢です。

2. **たくさん保険料を払う**：厚生年金保険料は給与や賞与の**9.15%**と高い負担となっていますが、たくさん保険料を納めた人ほど将来の年金額も増える仕組みとなっています。平均給与が月20万円の人より、月40万円の人のほうが負担も2倍ですが給付も2倍になるわけです。税金のように負担とサービスの関係が薄いわけではなく、負担が重いということは、未来の年金が増えると考えましょう。

3. **65歳より遅く年金をもらう**：今注目されているのは年金を65歳よりも遅くもらい始める選択です。**繰り下げ年金**といいますが、**1年遅らせるごとに8.4%増額**され、**最大で75歳まで遅らせ84%も年金が増えます**。もちろん遅らせた期間は無年金となりますが、平均寿命くらい長生きすれば基本的には損得はなく、長生きするほどお得になる仕組みです。65歳の段階で仕事ができる人や経済的に余裕がある人は数年程度繰り下げを考えてみるといいでしょう。

● 国の年金を少しでも増やす3つの方法

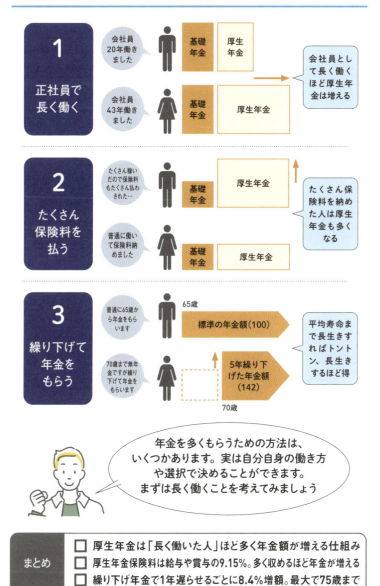

年金を多くもらうための方法は、いくつかあります。実は自分自身の働き方や選択で決めることができます。まずは長く働くことを考えてみましょう

まとめ
- ☐ 厚生年金は「長く働いた人」ほど多く年金額が増える仕組み
- ☐ 厚生年金保険料は給与や賞与の9.15%。多く収めるほど年金が増える
- ☐ 繰り下げ年金で1年遅らせるごとに8.4%増額。最大で75歳まで

● Column

公的年金が破たんするからiDeCoがある、は本当か

　ときどき SNS などで「公的年金が破たんする（あるいは半減するような大きな減額をする）から、国は iDeCo や NISA のような制度をやっているのだ」という話を耳にします。これは本当でしょうか。

　すでに Part1 で紹介したとおり、年金制度の破たんは非現実的です（日本政府そのものが破たんすると思っているなら、年金制度も破たんすることになりますが、そう信じる人はすぐに国外に脱出して他国の年金制度に加入することをおすすめします）。

　年金制度が給付水準の引き下げを行っていることは事実ですが、全国民が暮らしていけないほどの引き下げは行いません。もともと、国の年金給付が想定しているのは日常生活費の支給であって、年金だけで老後の旅行も遊びもまかなえるというのが誤解なのです。

　長い老後を楽しみたい人ほど、今から iDeCo や NISA を活用して資産形成を考えてみてください。目の前で 1 万円遊びに使ったら、老後のためにも 1 万円積み立てられると理想的ですが、そこまでの積み立てはなかなか難しいでしょうが、まずは「iDeCo の限度額」まで資産形成を行ってみてください。

　なお、マイホームを買わないまま定年を迎えた「生涯賃貸派」はご注意を。公的年金水準には家賃分が含まれていませんので、家賃だけで「老後にプラス 2000 万円」ということがありえます（月 6 万円の部屋に 25 年暮らすなら家賃が 1800 万円はかかります）。賃貸派の人たちは iDeCo をしっかり活用して老後にかかる家賃も意識した資産形成を考えてみてください。

INDIVIDUAL-TYPE DEFINED CONTRIBUTION PENSION PLAN

Part

2

iDeCoは
なぜオススメなの？

005 INDIVIDUAL-TYPE DEFINED CONTRIBUTION PENSION PLAN

すでに342万人が利用している iDeCoって何?

○ iDeCoとは個人で運用することができる積立年金のこと

NISAについては知っていても、iDeCoはまだ知らない人のほうが多いかもしれません。**iDeCoとは「個人型確定拠出年金」の愛称、「individual-type Defined Contribution pension plan」の略**です。

「個人型」というのは「企業型」の確定拠出年金制度との対比です。企業型は会社の退職金制度の一部ないし全部として導入される仕組みで、830万人の会社員が対象となっています(2024年3月)。

「確定拠出年金」というのは、積み立てる(拠出)金額はあらかじめ定まっていますが、受取額は定まっていないという仕組みです。企業では「確定給付」の企業年金を用意している会社もありますが、「定年時に○○万円もらえる」という約束が先にあり、積立額や運用については会社側が責任を持ちます。iDeCoの場合は、民間の変額年金保険のように、運用することによって受取額が変わる、ということです。

この制度、すでに342万人が利用しています(2024年8月)。先ほどの企業型の確定拠出年金やNISA(2400万口座)と比べると少ないものの、むしろ**「知る人はやっている」仕組み**です。

今、新たに注目が集まっている理由のひとつは前・岸田内閣が掲げた資産所得倍増プランの柱としてiDeCoの規制緩和が含まれているためです。NISAについては先行して改革が実行され、2024年1月からの新NISAでは多くの国民が資産運用を行っています。

iDeCoについては法改正のタイミングもあって改正はこれからですが、拠出限度額の引き上げ、加入可能上限年齢の引き上げなどが令和7年度税制改正大綱で認められました。今まさにiDeCoが注目です。

▶ iDeCoとは受取額が運用によって変動する年金

個人型確定拠出年金（もともとの名前）

⇩

individual-type Defined Contribution pension plan（英語）

⇩

iDeCo（イデコ）

すでに300万人以上がiDeCoを始めています

老後の年金を自分でがんばって増やす仕組みです

確定拠出年金とは

年金と言うと受取額（給付）が先に定まっていることが多いが（これを確定給付という）、積立額（拠出）のほうだけが確定し、受取額は運用によって変動する、という意味

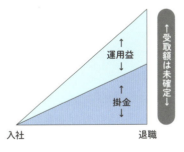

まとめ	□ iDeCoとは「個人型確定拠出年金」の愛称 □ iDeCoは「個人」が運用することによって受取額が変わる □ 342万人が利用する「知る人はやっている」仕組み

006 INDIVIDUAL-TYPE DEFINED
CONTRIBUTION PENSION PLAN

住宅ローン控除のように
iDeCoは所得税・住民税が軽くなる

⊙ iDeCoの積立金（掛金）は所得控除されて節税になる

iDeCo最大の魅力は、「所得税・住民税の負担が軽くなる」とい
うところです。これは、所得税や住民税を計算するときの根拠とす
る数字「課税所得」の計算に、iDeCoの掛金を含めなくてもいい、
としているからです。これを所得控除といいます。

どれくらい節税になるかはiDeCo公式サイトや金融機関のサイト
にシミュレーターがありますが、**ざっくり20%は節税**になると考
えていいでしょう（高所得者の場合、税率が高いこともあり30%の
節税ということもあります！）。

どれくらいお得か説明してみましょう。

自分の老後のためにiDeCoにお金を10万円入金したとき、iDeCo
を使わなかった場合の本来の納税額より税金が2万円少なくなる、
ということです。これをわかりやすく言い換えると、実質的には「8万
円の積み立て＋2万円の非課税分＝iDeCoに10万円分」となった
と考えられます。

**所得税・住民税の計算から省いてもらえる資産形成というのはほ
とんどありません。**住宅ローンを組んだ人が一定期間、税負担軽減
を得られる住宅ローン減税がありますが、会社員がこれ以外に所得
控除になることはほとんどありません。iDeCoを使わない手はない、
ということになります。

年24万円の積み立てをしたと仮定して、40年で960万円の元本
になりますが、2割の節税があったとすれば、人生を通じて192万
円もの節税になったということ。ぜひiDeCoを活用してみましょう。

● たくさん積み立てるほど、所得税・住民税の負担が軽くなる

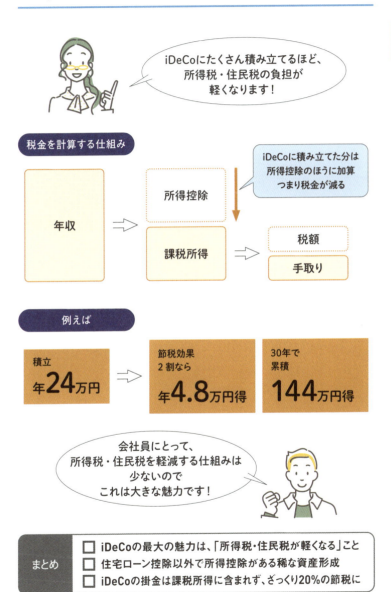

| まとめ | □ iDeCoの最大の魅力は、「所得税・住民税が軽くなる」こと
□ 住宅ローン控除以外で所得控除がある稀な資産形成
□ iDeCoの掛金は課税所得に含まれず、ざっくり20%の節税に |

007 INDIVIDUAL-TYPE DEFINED
CONTRIBUTION PENSION PLAN

iDeCoはNISAと同じく
運用益は完全に非課税

◉ iDeCoの運用益は何度も売買しても非課税メリットがある

　NISA制度の魅力について説明を受けると、「運用の収益が非課税になります！」と強調されます。**実は投資や預金などの収益は20.315%の税率がかかります。**銀行預金の年0.01%にも約2割、株や投資信託で増やした分にも約2割の税金が引かれます。ところがNISA口座内での売却にはこの課税が行われません。NISA口座を活用して資産運用する多くの人にとってNISA口座最大の魅力でもあります。

　iDeCoもこの運用収益非課税のメリットは同様に確保されています。**国民の老後の資産形成を支援する考え方から、iDeCoの運用収益は非課税**となっており、実はこれiDeCoの法律、確定拠出年金法がスタートした2001年から維持されています。

　しかも、iDeCoの場合、**何度も売買しても非課税メリットを得続ける**ことが可能です。NISAの場合、いったんNISA口座から出金し、年間投資枠の範囲内でしか再投資できません。非課税メリットを得ることはNISA口座の解約を意味することになります。

　ところがiDeCoは、「iDeCo内で投資信託を銀行預金に移し替えて、その後、また別の投資信託を買う」というようにiDeCoを解約せずに非課税投資を続けていくことが可能になっています。iDeCoは原則として60歳まで受け取らないという考えに立ち、**売却イコール解約ではなく、変更とみなす制度**となっているからです。

　NISAと同様の非課税投資の魅力、ぜひ活用したいものです。

● iDeCoの運用益非課税メリット

NISAの魅力は「運用収益非課税」とよく言われますが、iDeCoも同様に運用収益非課税メリットがあります

まとめ	☐ 投資や預金などの収益には20.315%の税率が課せられている ☐ 資産形成を支援する考え方から、iDeCoの運用収益は非課税 ☐ iDeCoは何度も売買しても非課税メリットを得続けられる

008
INDIVIDUAL-TYPE DEFINED
CONTRIBUTION PENSION PLAN

60歳以降の受取時、課税負担が軽く 非課税の可能性も!

⊙ 60歳以降、一時金もしくは年金で非課税枠で受け取れる

　税金の原則は、「一度は課税」することです。例えば給与を会社から受け取った場合、給与所得に対して課税されます。運用収益を得た場合、その受取時に一度課税されます。不動産を売却して利益が出た場合にも課税されます。

　ところが**iDeCoは積み立ての段階では非課税**となっています。仕事で得た収入は課税されないままiDeCo口座に入金され、しかも運用収益も非課税。税の原則としてはどこかで一度は課税しなければならず、「受取時に精算課税」として課税されることになります。しかしiDeCoは老後の大事な資産形成であるという考えのもと、**受取額に非課税枠を用意**しています。これをうまく使うと「実質非課税」もしくは「わずかな税負担ですむ」ということになります。

　iDeCoのお金は60歳以降好きなタイミングで、一時金もしくは年金で受け取ることができます。一時金でまとめて受け取った場合、退職金と同様の性格を持つとして「退職所得控除」の対象として非課税枠を利用できます。これは40年積み立てをすると2200万円に達するほどの大きな枠です(積立年数を勤続年数とみなします。退職金等があった場合は、シェアします)。仮に**非課税枠をオーバーしても、オーバー分の2分の1を元に計算して課税**しますから、実質的にはわずかな税負担ですむことになります。

　年金受け取りの場合、国の年金と合計して、公的年金等控除を受けられます。こちらは完全非課税とはいかないものの、現役時代より年収が低いことから税負担は抑えられる可能性が高いでしょう。

● iDeCoは受け取り時にも有利な税制

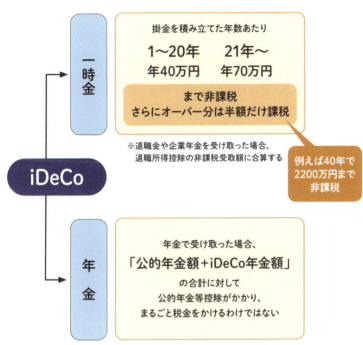

一時金

掛金を積み立てた年数あたり

1〜20年　　21年〜
年40万円　　年70万円

まで非課税
さらにオーバー分は半額だけ課税

※退職金や企業年金を受け取った場合、
退職所得控除の非課税受取額に合算する

例えば40年で
2200万円まで
非課税

年金

年金で受け取った場合、

「公的年金額＋iDeCo年金額」

の合計に対して
公的年金等控除がかかり、
まるごと税金をかけるわけではない

※企業年金、企業型の確定拠出年金を
年金受け取りした場合、合算する

拠出時、運用時に非課税のiDeCoは
受け取り時点で課税されますが
有利な税制となっています

まとめ	☐ 税金の原則は「一度は課税」されるが、iDeCoは受け取り時に課税 ☐ iDeCoは一時金受取額に非課税枠を用意している ☐ 非課税枠をオーバーしたら、オーバー分の2分の1を元に課税

009 INDIVIDUAL-TYPE DEFINED
CONTRIBUTION PENSION PLAN

「60歳以降まで原則解約できない」は むしろメリット!

🔵 60歳以降まで解約できないから老後のお金が貯まる

　これからiDeCoについて活用法を紹介していきますが、ひとつiDeCoの特徴でもありネックでもある部分を説明しておきます。それは「**iDeCoは60歳以降まで原則解約できない**」ということです。

　年金制度の一部として法律上位置づけられ、また税制優遇を強く設定されていることもあって、老後に受け取ることを強く求めています。現役時代の受け取りについては、ごく少額でしかない場合、障害を負った場合、亡くなられた場合など、一部に限られています。**NISAのほうは売りたいときにいつでも売って現金化することができるのとは対照的**です。

　しかし、私はあえて「中途解約できないことにもメリットがある」とお伝えしたいと思います。なぜでしょうか。

　私たちは遠い未来のためにお金をガマンして積み立てることに慣れていません。解約の誘惑とも戦うことになります。しかし、安易に中途解約して使ってしまうと（株が一時的に急上昇したので売って、回らない鮨を食べてしまうなど）、未来に使うはずのお金は消えてしまいます。NISAにはこの解約のリスクがあります（売ったあと、再投資をすればいいのですがなかなか難しいでしょう）。

　このとき、「毎月コツコツ貯めているのは、自分の老後のための虎の子資金作り」と考えてiDeCoを活用すれば、制度そのものが解約をさせてくれないわけですから、確実に老後のお金が貯まります。

　「解約できない」を不都合なこととは考えず、「誘惑に負けずにおろさなくてすむ」と考え、iDeCoを活用してみてはどうでしょうか。

●「途中解約できない」はむしろメリットが大きい

「iDeCoは60歳まで受け取れないことがデメリットです」

とよく言われますが…

NISAの場合
思ったより儲かったので、売って豪遊しちゃいました！

⇩

いつでも崩せるメリットとついつい崩してしまうリスクがセット

iDeCoの場合
おろしたくてもおろせないので、結果として貯まりました！

⇩

結果として「虎の子」の老後財産が守られる

わりと財布がユルい人

※自己破産したときも iDeCo のお金は崩されないほど強い守り

まとめ
- ☐ iDeCoは60歳を過ぎるまで原則解約できない
- ☐ 現役時代（60歳以前）の受け取りは一部に限られている
- ☐ 「解約できない」は誘惑に負けずに「おろさなくてすむ」

010 INDIVIDUAL-TYPE DEFINED CONTRIBUTION PENSION PLAN

NISAも魅力大だが
「iDeCoファースト」で考える

まずiDeCoの枠を埋めてから、NISAを使おう

　NISAか、iDeCoか。なかなかの難問ですが、基本的には「iDeCoファースト」で考えることをおすすめします。理由はいくつかあります。

　まず1つ目に「所得税・住民税軽減のメリットはNISAにはない」ということがあります。このメリットを使わない手はありません。

　さらに「枠は小さい」こともiDeCoを優先するべき理由の一つです。単純に考えると枠が大きい制度を使えばいい、と思うかもしれませんが、税金の面でお得度が勝る制度が金額としては小さいなら、先に使ってしまえばいいわけです。NISAでガンガン積み立てたいという人も、まずはiDeCoの枠を埋めてから、NISAを使えばいいのです。併用の制限はありませんから、両方使えばいいのです。

　3つ目に、「老後のお金は準備しなくちゃ」と考えた場合、iDeCoの活用が最優先です。老後にお金の不安を感じている、あるいは老後の生活に余裕を持ちたいと考えている人が、何かしらの方法でお金を貯めるとしたら、運用益が非課税で60歳以降に受け取る時も軽減税率が適用されるiDeCoは最適だと言えます。

　そのほか、「iDeCoは運用せずに定期預金として増やせる」こともお伝えしておきましょう。NISAと同様に、iDeCoというと資産運用の選択肢のイメージがありますが（そして運用益非課税ならリターンの高い投資を選択したいところですが）、iDeCoでは定期預金の選択が可能なので、積立定期預金感覚で利用してもいいのです（P.90参照）。

　夫婦がそれぞれiDeCoを開設する「ダブルiDeCo」なら税制優遇も資産形成もダブルで、老後の不安は一気に軽減されるでしょう。

● NISAと併用するなら「iDeCo ファースト」で考える

「iDeCo より NISA がオススメです」
「すぐ開設でき、いつでも解約できます」
「枠も大きいですよ」

NISA をすすめられることが多いが…

NISA or iDeCo

iDeCoファーストをおすすめする理由

理由 1 所得税・住民税軽減のメリットは NISA にない！

理由 2 枠は小さい（だからこそ、先に使い切って、NISA を使えばよい）

理由 3 老後のお金はいつかは準備しなくちゃしょうがない

まとめ
- ☐ 所得税・住民税軽減のメリットはiDeCoにしかない
- ☐ 併用の制限はないので、iDeCoの枠を埋めてからNISAを使う
- ☐ iDeCoは運用せずに定期預金として増やすこともできる

011 INDIVIDUAL-TYPE DEFINED
CONTRIBUTION PENSION PLAN

iDeCoの運用商品は大きく分けて2つ
「元本確保型」と「投資信託」

○「元本確保型商品」は満期まで待てば元本と利息が戻る

　NISAといえば投資のイメージがあります。実際、NISAの本当の名前は「少額投資非課税制度」ですから、「投資」に該当する株や投資信託などリスクのある商品しか購入することができません。

　iDeCoもNISAと同じく投資のイメージがありますが、実は投資をしなくてもいい、定期預金の選択が可能だと前節で触れました。

　iDeCoは**「元本確保型商品」と「投資信託等」と運用商品が大きく2つ**に分けられます。**「元本確保型商品」は満期まで保有すれば元本と利息が戻ってくる**というものです。中途解約した場合はそれぞれの解約条件により元本保証とは限りません（定期預金の場合は通常、元本と低い利回りが戻ってくるのでマイナスにはなりません）。銀行の定期預金、生命保険会社や損害保険会社の保険商品などがこれにあたります。金利としては300万円以上預けた場合のスーパー定期の金利に近い設定で魅力的ではありますが、低金利の現在ではほとんど差がないのが残念です（詳細はPart6を参照）。

　「投資信託等」については、投資を行うため、元本割れの可能性がありますが、中長期的には定期預金より高い利回りが期待できます（Part5を参照）。なお、**iDeCoでは個別企業の株式や債券を購入することはできません**（法律上はNGではないものの、購入単位が高額になることと、また売買システム上の問題から対応していません）。

　この**元本確保型商品と投資信託等、どちらかだけ100%買ってもよいし、両方を組み合わせてもよく**、iDeCoはリスクを抑えた増やし方もできる仕組みとなっているのです。

32

● iDeCoの「元本確保型商品」と「投資信託等」

iDeCoは「35本」以内で商品リストが示される

元本確保型商品

満期保有で「元本」+「利息」が確保される安全性の高い運用方法

- 銀　行
- 生保・損保

投資信託等

投資信託など、リスクのある運用対象を用いることで、長期的に高い利回りを得られる

- 国内外株式
- 国内外債券

1本だけ買ってもいいし、組み合わせも自由

私は「元本確保型商品」1本だけ購入しています

私は「元本確保型商品」と「投資信託」を1本ずつ、6：4で持っています

私はすべて「投資信託」ですが、5本を組み合わせています

まとめ
- ☐ iDeCoの運用商品には「元本確保型商品」と「投資信託等」がある
- ☐ 「元本確保型商品」は満期まで待てば元本と利息が戻ってくる
- ☐ 元本確保型商品と投資信託、両方を組み合わせて運用できる

● Column

限度額引き上げの予定はどうなる

　岸田内閣と言えばNISA制度を大幅拡充した「資産所得倍増プラン」が有名ですが、実はiDeCoの制度拡充もその柱のひとつでした。「第2の柱　加入可能年齢の引き上げなどiDeCo制度の改革」

　そこでは、「70歳までの加入（現状65歳）」と「拠出限度額の引き上げ」を検討することが盛り込まれていました。どちらもiDeCo制度を大きく改革する提案となっています。厚生労働省の審議会では、総論賛成のところまで持ち込んであります。内閣が交代し、また政権運営が不安定な時期になっていますが、積み残していた宿題がどう取り扱われるかは注目されていました。

　2024年12月の税制改正大綱において、限度額の引き上げ、積み立て可能年齢の引き上げ（70歳まで）についてOKが出ました。

　限度額については、全体の枠を月7000円引き上げる（月62000円）とともに、会社員のiDeCo上限として設定されていた月23000円、20000円のラインが取り払われることになりました。企業年金なし会社員は月62000円と大幅増、企業年金あり会社員は62000円から企業年金および企業型の確定拠出年金の掛金額を引いた残りすべてがiDeCoに利用できることになり、多くの人は枠拡大となるはずです。公務員は月54000円になると思われます。

　法律改正の流れとしては、2025年に法案提出、法案成立後に制度改正の準備がスタートしますので、2026年ないし2027年からスタートになるのではないでしょうか。国会で法案成立がスムーズに行かなかったり、実務的ハードルがあったりした場合、さらに時間がかかる可能性もありますが、大きな前進がありそうです。今後の動向を見守ってみてください。

INDIVIDUAL-TYPE DEFINED CONTRIBUTION PENSION PLAN

Part

3

いくら&いつまで
積み立てできるのか

012 INDIVIDUAL-TYPE DEFINED
CONTRIBUTION PENSION PLAN

iDeCoの泣き所は
「拠出限度額」が複雑なこと

● iDeCoは働き方によって毎月の拠出限度額が変わってくる

iDeCoについての解説本を手に取って、一番ややこしいのは「要するに、自分はいくらまで積み立てできるの?」という、単純なルールがわかりにくいことです。

NISAの場合、誰であろうと「つみたて投資枠年120万円、成長投資枠年240万円、年間の総枠が最大360万円、投資限度額は元本で1800万円まで」とシンプルに決まっています。誰でも枠は同じです。

ところがiDeCoの場合、**公的年金に上乗せする**という考え方と、**私的年金に対する税制優遇の総枠がある**という考え方があるため、働き方によって(また会社の企業年金の程度によって)、**拠出限度額が変わってくる**のです。

しかも2024年12月より、同じ会社に働いていても「ひとりひとり限度額が異なる」ということも起きるようになりました。このあと説明しますが、税制優遇の不公平は少なくなり、多くの人は限度額が広がることになる改正ですが、ややこしさは高まります。

そこでPart 3をまるごと使って「自分の限度額」を説明してみたいと思います。すべて読む必要はないので、自分の働き方に該当するところを読んでいただければOKです。

ところで、毎月の積立額ではわかりにくいiDeCoが、NISAと比べてシンプルで有利なルールがひとつだけあります。それは**「上限は無制限」**ということです。仮にiDeCoの積立額が1800万円(NISAの上限)を超えてもいくらでも積み立てを続けることができるのです。これはiDeCoのほうが有利なポイントといえます。

36

● いくら&いくつまで積み立てできるのかは働き方で決まる

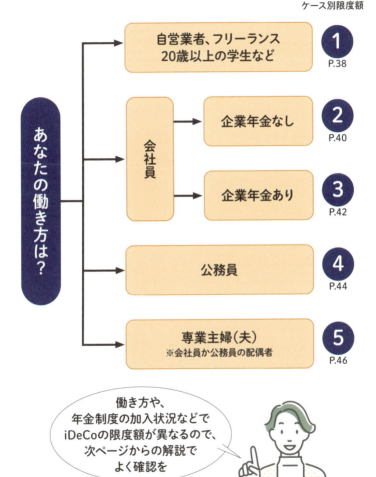

ケース別限度額

Part 3 いくら&いつまで積み立てできるのか

働き方や、年金制度の加入状況などでiDeCoの限度額が異なるので、次ページからの解説でよく確認を

| まとめ | □ NISAの場合、誰であろうと総枠も限度額も同じ
□ iDeCoは働き方によって毎月の拠出限度額が変わる
□ 積立額の上限は無制限なのがiDeCoの有利なポイント |

37

013 INDIVIDUAL-TYPE DEFINED
CONTRIBUTION PENSION PLAN

ケース別限度額①
自営業者、フリーランス

● 国民年金を自ら納めている人は月68000円まで積み立て可能

　最初に考えてみたいのは、**国民年金保険料を納めている立場の人たち**です。20歳以上の学生、20～60歳の自営業者やフリーランスなど、会社員ではない働き方をしている人（中小企業の社長などは自分が厚生年金に加入しているかで判断）、そして20～60歳の無職の人たち（所得に応じて保険料免除の制度あり）が当てはまります。

　国民年金制度では**第1号被保険者**といい、国民年金保険料を自ら納付している人たちです。この場合、**iDeCoに月68000円まで積み立てが可能**となっています。年81.6万円、枠としては最大です。

　ケース②以降の会社員と比べ枠が倍以上大きい理由は、厚生年金に入っていないため老後の公的年金額が小さいからです。**iDeCoを使って老後のゆとりを上積みしてほしい**というメッセージといえます。

　iDeCoと同様に老後の資産形成を行う仕組みとして**「国民年金基金」**と**「国民年金の付加保険料」**があります（どちらかしか利用できません）。これらを利用している場合、iDeCoの利用は「(68000円)－(国民年金基金の掛金か付加保険料)」となります。iDeCoは1000円単位で掛金を考えますので、たとえば付加保険料は月400円ですがiDeCoの限度額では月67000円までとなります。

　個人事業主や中小企業役員がよく利用する**小規模企業共済**（最大月70000円まで）はiDeCoと同時に掛けることが可能です（iDeCoと同様に、小規模企業共済等掛金控除の対象となります）。

　なお未納、あるいは免除を受けており、国民年金保険料を満額納めていない場合、iDeCoへの拠出はできません。

● 自営業者、フリーランスの場合は月68000円

国民年金の第1号被保険者とは

20〜60歳の
自営業者

20〜60歳の
フリーランス

20歳以上の学生や
無職の人

※国民年金保険料の免除、または未納している場合には、iDeCoに加入できない

2024年11月まで
月68000円

▶

2024年12月から
月68000円

【注目】
令和7年度税制改正大綱で月75000円への引き上げが認められました

国民年金基金に加入している場合は、合計で月68000円まで

国民年金制度の付加保険料（月400円）を納めている場合は、月67000円まで

自営業者等は厚生年金に加入しておらず、
老後の備えが薄い分、iDeCoの枠が大きめです

まとめ
- ☐ 国民年金を納めている人は月68000円まで積み立てが可能
- ☐ 「国民年金基金」か「国民年金の付加保険料」を併用は減額
- ☐ 小規模企業共済はiDeCoと同時に掛けることができる

014 INDIVIDUAL-TYPE DEFINED
CONTRIBUTION PENSION PLAN

ケース別限度額②
会社員（企業年金なし）

○「企業年金があるか、ないか」の基準に注意！

　次に会社員の掛金額についてチェックしてみます。会社員については「企業年金があるか、ないか」でiDeCoの上限が変わってきます。これは**企業年金にもiDeCoと同等の税制優遇**（掛金の所得控除と運用益非課税）があるため、総枠で管理をする必要があるためです。

　企業年金がない会社員の場合、iDeCoで自助努力をする必要がありますので、企業年金ありの会社員より少し大きい非課税枠である月23000円が上限となります。この数字は2024年12月の制度変更で変わりません。

　このとき、**「企業年金があるか、ないか」の基準に注意**してください。「退職一時金」つまり単に現金を退職時に払うだけの仕組みは企業年金とみなしません。また**「中小企業退職金共済」「特定退職金共済」「民間の退職金保険」**のような制度を会社が活用して退職金の事前準備をしている場合も、企業年金とはみなされませんので、月23000円を積み立てることができます。

　ところが、これらの制度に入っているのかいないのかは、社員の立場ではわかりにくくなっています（退職金がある、くらいしか認識していないことが多く、会社も説明しないことが多いもの）。

　不明な場合は、社内で人事・総務部の知人などに聞いてみるといいでしょう（社員の誰かがすでにiDeCoをやっていれば、会社としては慣れていますからスムーズに教えてもらえることでしょう）。

　月23000円、年27.6万円というのは枠としてはちょっと物足りないものがあります。限度額の引き上げについて令和7年度税制改正大綱は月62000円の引き上げを認めました。大幅拡充になります。

40

● 会社員（企業年金なし）の場合は月23000円

・退職金制度がない会社
・退職一時金制度がある会社

※中小企業退職金共済、特定退職金共済、退職金保険などは「企業年金」にあたらないのでここに該当する

会社　　社員

2024年11月まで
月23000円

▶

2024年12月から
月23000円

【注目】
令和7年度税制改正大綱で、月62000円への大幅引き上げが決定しました

23000円の枠は、今回の改正対象者
（企業年金ありの会社員、公務員）よりも大きく、
有効に利用したいところです

まとめ	☐ 企業年金のない会社員は月23000円の掛金枠 ☐ 退職一時金など企業年金とみなされない場合は月23000円 ☐ 不明な場合は人事・総務に聞いてみよう

Part 3 いくら&いつまで積み立てできるのか

015
INDIVIDUAL-TYPE DEFINED
CONTRIBUTION PENSION PLAN

ケース別限度額③
会社員（企業年金あり）

◎ 確定給付企業年金、厚生年金基金、企業型確定拠出年金を確認

　一番ややこしいのが「会社員で企業年金がある」というパターンです。企業年金とiDeCoが同様の非課税制度を重複して利用していることから、2024年12月からルールがややこしくなりました。

　一方で、企業年金が手厚いわけではない場合は従来の月12000円から月20000円に枠が広がる可能性もあります。確認してみましょう。

　基本的な考え方は右図に示した式になります。

　「他制度掛金相当額」というのは、個人の掛金額ではなく、会社全体でひとつ決まる数字です。社内のイントラネットその他に掲示がされているはずなので検索をしてみてください。企業年金の広報物があればそこにも記載されています。**確定給付企業年金、厚生年金基金**がこれに該当する制度です。

　会社が行っている**確定拠出年金制度（企業型という）の掛金額は個人の数字**を用います。会社の確定拠出年金の金融機関のサポートページに記載があります。この場合、他制度掛金相当額も含めてiDeCoの上限がいくらか表示されているはずです。

　仮に会社の他制度掛金相当額が8000円、会社の確定拠出年金の掛金が5000円であれば、計算式は42000円となり、新しい20000円が上限となります。多くの方は月20000円になるでしょう。

　月20000円にならない、あるいは12000円より小さくなる、ということは、会社の企業年金が非常に充実している、ということですから、「うちの会社、企業年金が多いみたいだ。iDeCoの枠が小さくなるのはしょうがないな」とちょっと考えてみてください。残念ですが。

● 会社員(企業年金あり)の場合は基本的に月20000円

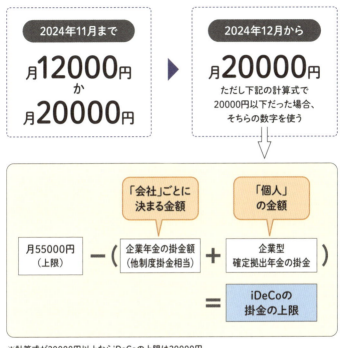

※計算式が20000円以上ならiDeCoの上限は20000円、
計算式が20000円を下回った場合、その金額を上限とする。

【注目】
令和7年度税制改正大綱で、上限が月62000円に引き上げられ、かつiDeCoの上限20000円という制約が取り払われることになります。企業年金と合計で月62000円以内という制限は残されますが、多くの会社員は月30000〜50000円ほどのiDeCo枠が獲得できると思われます。これは大幅な拡大です

まとめ
- ☐ 多くの人は月20000円に増える
- ☐ 会社の企業年金が充実している場合、iDeCoの枠が小さくなる
- ☐ 会社の確定拠出年金は金融機関のサポートページで確認しよう

016

INDIVIDUAL-TYPE DEFINED
CONTRIBUTION PENSION PLAN

ケース別限度額④
公務員

● iDeCoに加入している割合が一番高いのは公務員なのはなぜ

　公務員については2024年12月より**「月20000円」までiDeCoに拠出できる**ようになりました。従来は月12000円でしたから、月あたり8000円、年間で96000円の積立枠が増えたことになります。非課税枠のアップとしても小さくありません。

　公務員もケース③の会社員と同様の式で計算します。公務員には企業年金に準じる**年金払い退職給付（退職等年金給付）**という制度があり、確定拠出年金制度はありません。この平均水準は月8000円となっており、月55000円との差額は月47000円となります。iDeCoの上限月20000円と比較して差額が上回ったとしても、限度額は月20000円と判断します。この枠は**国家公務員も地方公務員も同額**ですから、「公務員の場合はiDeCoの枠が月20000円に増えた」と理解して大丈夫です。この点は、会社員より少しラクかもしれません。

　ところで、この公務員のiDeCo枠について公務員を優遇しているという有識者がいますが、気にする必要はありません。公務員は官民格差是正という名目で過去に退職金水準が引き下げられており、同じタイミングでiDeCoの加入が規制緩和されている経緯があります。つまり、減った分を自助努力で上積みするよう、法改正が示唆しているわけです。実際、**iDeCoに加入している割合が一番高いのは公務員**ですが、そうした危機感があると思われます。

　公務員の場合、職場で誰もiDeCoに入っていない、ということはまずないので、加入手続きもスムーズに行くでしょう。ぜひ制度を利用してみてください。

● 公務員のiDeCoは月20000円

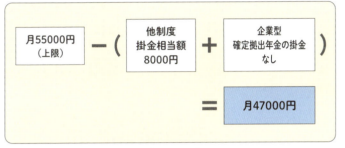

※計算式が20000円以上ならiDeCoの上限は20000円、
計算式が20000円を下回った場合、その金額を上限とする。

【注目】
令和7年度税制改正大綱で、
全体の限度額が月62000円に引き上げ、
これに伴い公務員の限度額は月54000円
まで大幅に引き上げられる見込みです

まとめ
- ☐ 公務員は「月20000円」までiDeCoに拠出できる
- ☐ 非課税枠は国家公務員も地方公務員も同額
- ☐ iDeCoに加入している割合が一番高いのは公務員

017
INDIVIDUAL-TYPE DEFINED
CONTRIBUTION PENSION PLAN

ケース別限度額⑤
専業主婦（夫）

● 会社員や公務員に扶養されている人もiDeCoに加入できる

　最後が専業主婦（夫）です。**「会社員や公務員に扶養されている配偶者」**、国民年金の制度でいえば**第3号被保険者**と呼ばれ保険料納付を要しない立場の人たちです。自分の収入がなく、家事育児を家庭内で担当している専業主婦、専業主夫、あるいはパートやアルバイトをしているが、**年収が106万円に達しない「年収の壁」の手前で年金制度の保険料負担を免れているケース**を含みます。そうした人たちも、iDeCoに加入でき、月23000円まで掛金拠出を行えます。

　ただし、自分自身の課税所得がなく（所得税や住民税の「年収の壁」は年103万円）、所得税や住民税をそもそも納めていませんから、**iDeCoのメリットである所得控除の特典は利用できない**ことになります。「そこは夫の年収から節税させてほしい（実際、夫が掛金を負担することもありえるし）」と思うわけですが、税法上は個人のiDeCo掛金が個人の課税所得を減らす仕組みなので、節税のバトンタッチはできません。

　悩ましいのは、所得控除が使えないとすると、口座管理手数料年2052円を埋め合わせるメリットにはなりません。年24万円のiDeCo積立をしていれば、すくなくとも2割にあたる4.8万円の節税ができるので、年2000円程度の口座管理手数料を上回る節税メリットが生じます。しかし、**課税所得がないので純粋に口座管理手数料分のマイナス**が確実に生じてしまいます。ここが専業主婦（主夫）のiDeCo利用の注意点です。ただし、受け取り時点での非課税枠（一時金で受け取る場合の退職所得控除）は掛金を拠出した期間に応じて増えるので、受取時の非課税枠を増やすという点では決してムダにはなりません。

● 会社員や公務員の配偶者も月23000円まで加入できる

会社員や公務員の配偶者（被扶養）　　　　（対象外）

仕事はしていない
専業主婦（夫）

パート等で
働いているが
年収の壁の手前

自営業者の
配偶者

2024年11月まで
月23000円

▶

2024年12月から
月23000円

ただし課税所得がないため、掛金の所得控除メリットは生じないことに注意

年2000円程度の口座管理手数料が確実な負担として発生する

まとめ
- ☐ 年金制度の保険料免除でもiDeCoで月23000円まで掛金拠出可能
- ☐ 課税所得がないので所得控除はなく口座管理手数料がマイナスに
- ☐ 受取時の非課税枠を増やすという点ではムダにならない

018 INDIVIDUAL-TYPE DEFINED
CONTRIBUTION PENSION PLAN

加入年齢の上限は65歳まで
（今後70歳までに改正）

公的年金制度に加入していることが前提で65歳まで続けられる

ところでiDeCoは何歳まで加入し続けることができるのでしょうか。**現在の法律では「65歳まで」**となっています。ただし公的年金制度に加入していることが前提となっています。

会社員として60歳以降も働いており、厚生年金に加入している場合（**給与明細で厚生年金保険料が引かれているかどうか確認できます**）、iDeCoに加入することができます。近年では60歳以上の人の多くが会社員として働き続けているので、65歳まで老後資金の上積みにラストスパートをかけることができます。

自営業者や、60歳以降の働き方で厚生年金加入となっていない場合、国民年金保険料の任意加入をしている人だけがiDeCoに加入できます。これは20歳から60歳のあいだに未納期間などがあって40年加入の満額年金とならない場合に、追加の保険料納付をして満額を目指すことができる仕組みです。

逆にいえばまじめに40年納付していた人はこの制度を利用できないため、60歳以降iDeCoにも入れません（おかしな話ですが…）。

実はこの「65歳まで」という上限、ひとつ前の法律改正で「iDeCoは60歳まで」から「65歳まで」に緩和されたものです。

そして、**さらなる規制緩和として加入可能上限年齢を「70歳まで」とする改正**が行われます。前・岸田内閣の資産所得倍増プランでも指摘があったもので、令和7年度税制改正大綱で認められました。実現はこれからですが、より長く資産を積み立てられる制度になります。

● 積み立て年齢の上限は65歳まで（今後70歳までに改正）

60歳以降、
国民年金
に加入

※iDeCoの老齢給付金をもらっていない。公的年金を繰り上げ受給していない場合に加入ができる

国民年金に40年加入していない場合、60歳以降も保険料納付することができるが（任意）、この場合iDeCoにも積み立てできる

20歳	60歳	65歳
国民年金の加入期間がiDeCoの加入期間の基本（会社員は厚生年金）	公的年金制度に加入していれば、iDeCoも積み立て可	→ 70歳に延長へ

60歳以降、
厚生年金
に加入

60歳以降も会社員として働き続けている場合（厚生年金に加入している）、65歳までiDeCoに加入、積み立てが可能

※iDeCoの老齢給付金をもらってしまったら、積み立てはできない
※企業型の確定拠出年金はもらっていてもOK

まとめ
- ☐ 公的年金制度に加入している場合、加入年齢は65歳まで
- ☐ 60歳以上の会社員は65歳まで老後資金にラストスパート
- ☐ さらなる規制緩和として「70歳まで」が認められた

● Column

iDeCoナビを使ってみよう

　iDeCoの場合、NISAと違って、金融機関各社のホームページが充実していないことがあります。知りたい情報が不足していたり、そもそもの掲載場所がわかりにくいこともあったりします。

　しかし、取り扱い商品を比較したり、口座管理手数料をチェックしたりと、口座開設前に比べるべき情報もたくさんあります。このとき便利なのは比較検索サイトです。いくつかのサイトがiDeCoの比較をしていますが、悩んだら「iDeCoナビ」（https://www.dcnenkin.jp）を活用してみましょう。NPO確定拠出年金教育協会が運営しているサイトで、情報量や運営の取り組みで高い評価をされています。

　本文で紹介する、金融機関側の口座管理手数料ゼロについてはすぐに比較ができ絞り込みができます。また、特定の投資対象（方針）を選んで低コストの投資信託を調べると、その商品を採用している金融機関がすぐ一覧できるようになっています。本書でご紹介したような、iDeCoの口座選びで欲しい情報がすぐ見つけられるはずです。

　——もうひとつ、iDeCo口座開設においてチェックしたい情報を紹介すると、運用利回りの報告形式があります。毎月コツコツ積み立てている金額の累計額はそれぞれ積み立てた期間がひと月ずつ異なります。それぞれの運用期間を反映して運用成績を出すのが本当は大切なのですが個人にとっては計算が複雑です。この機能を有している金融機関では「制度スタートから今までの年平均の利回りはどれくらいか」がわかるのでオススメです。ただし表示の有無を示していない金融機関がほとんどなのが悩ましいところですが…。

INDIVIDUAL-TYPE DEFINED CONTRIBUTION PENSION PLAN

Part

どこで始める？
口座開設までに
行うことは？

019

INDIVIDUAL-TYPE DEFINED
CONTRIBUTION PENSION PLAN

iDeCoは自由に
好きな金融機関を選べる

◉ iDeCoの大原則は「ひとり1口座」。金融機関選択は最初が肝心

iDeCoを取り扱っている金融機関は多岐にわたります。**銀行、地方銀行や信用金庫、労働金庫、証券会社、生命保険会社、損害保険会社**などなど、たくさんの金融機関が取り扱っています。

どこでiDeCoに入っても同じか、というとそうではありません。iDeCoは国の年金制度として法律上は定義されていますが、具体的なところは民間に委ねられているからです。受付窓口が異なるだけでなく、**金融機関ごとに、手数料体系、金融商品のラインナップが異なっている**のです。

言い換えれば「自分に一番お得な金融機関を選ぶ」「自分の運用したい商品がラインナップされている金融機関を選ぶ」ことができるということ。金融機関各社も、サービスを競い合っており、個人にとっては選択の自由があります。

iDeCoの大原則は「ひとり1口座」ということです。金融機関を後から変更することは可能ですが、金融機関の変更には手間も時間もかかるので、できれば最初に長くつきあえる金融機関を選んでおきたいところです。最初にじっくり検討をしてみましょう。

ところで、iDeCoの口座を開設する金融機関について「会社の給与振込口座と一緒にしなければいけないのでは？」という誤解がしばしば見受けられます。そのような決まりはありませんので大丈夫。どこでも好きな金融機関を選ぶことができます（例えば証券会社などは給与振込口座からの引き落としが指定できます）。

それではiDeCoの金融機関選びのヒントを紹介します。

▶ 自由に好きな金融機関を1社だけ選ぶ

iDeCoは国の制度（1つの制度）ですが……

- 証券会社
- 都市銀、地銀 労働金庫等
- 生保、損保 その他金融機関

- 取扱商品
- 口座管理手数料
- その他サービス

など各社に違いがある

↓

自分のiDeCo口座を開く、一社を選ぶ
（1人、1口座のみ）

給与振込口座の金融機関と
iDeCoの金融機関は
一緒にしなくてもOKです
（口座引き落としは指定できる）

まとめ
- ☐ 金融機関ごとに、手数料体系、金融商品のラインナップが異なる
- ☐ 自分にとって一番お得な金融機関を最初に選択したい
- ☐ iDeCoの口座は給与振込の金融機関ではなくていい

020 INDIVIDUAL-TYPE DEFINED
CONTRIBUTION PENSION PLAN

チェック①
口座管理手数料に注目して選ぶ

◉ 口座管理手数料ゼロ円の金融機関を第一候補にする

まずチェックしてみたいのは口座管理手数料です。iDeCoは金融機関が取る手数料設定について自由化されています。**国が所定の手数料を取りますが、金融機関サイドがいくら取るかは自由**なのです。

楽天証券、SBI証券など、積極的にiDeCoを推進している金融機関は、自社の手数料は無料としています。一方で実費負担は顧客にお願いするスタンスを取っている金融機関もあり、月額数百円を徴収していることがあります。

現状としては、金融機関が徴収する口座管理手数料がそれ以上のメリットを生み出しているとはなかなか言えない状態です。個別相談に乗ってくれるなど、大きなメリットがなければ、**口座管理手数料をゼロ円としている金融機関を一次候補**とすればいいでしょう。

なお、iDeCoの実施主体である国民年金基金連合会と、資産を管理している信託銀行は手数料を実費として徴収します。国民年金基金連合会は月105円、信託銀行は基本的に月66円です。これについてはゼロになることはないので、**月171円はiDeCoに必ずかかるコスト**ということになります。

とはいえ、この手数料は所得税・住民税の軽減効果を考えれば基本的に損をすることはありませんのでご安心を。例えば年24万円の積み立てをして2割相当が節税となっているなら年4.8万円は税金の得をしているわけですから、**手数料2052円（171円×12カ月）以上の節税**になっています。手数料が取られるというとびっくりしますが安心してiDeCoを活用してください。

● 口座管理手数料に注目して選ぶ

必ずかかる費用

口座開設時：2829円

毎月：
国民年金基金連合会
105円
（掛金を納めない場合はゼロ）

毎月：
信託銀行
66円

↓
iDeCo運営にかかる実費を負担する仕組み

各社で異なる費用

A金融機関
手数料：
無料

B金融機関
手数料：
月200円

↓
基本的なサービスで大差がない場合、金融機関独自の手数料が無料のところを選んで口座開設したほうがよい

Part 4 どこで始める？ 口座開設までに行うことは？

年間の口座管理手数料2052円が生じますが、おおむね掛金の2割が所得税・住民税の軽減効果ですから、手数料以上の「得」になりますのでご安心を

まとめ
- ☐ iDeCoでは金融機関が取る手数料設定は自由化されている
- ☐ 口座管理手数料をゼロ円としている金融機関を一次候補にする
- ☐ 国が取る手数料（年間2052円）よりも節税ができている

021
INDIVIDUAL-TYPE DEFINED
CONTRIBUTION PENSION PLAN

チェック②
投資信託の手数料は安いほうに着目

◎ 候補となった金融機関の投資信託は手数料が安いほうに

　iDeCoは銀行預金や生保商品などの元本確保型商品（満期まで保有すれば元本と利息が返ってくる安全性の高い商品）と、**投資信託（リスクのある投資対象で運用されるが、長期的には高い利回りが期待できる商品）** を組み合わせて投資することができますが、その商品ラインナップも金融機関の裁量に委ねられています。

　例えば、20年以上前のiDeCo制度開始時点（当時はiDeCoという名前がありませんでした）から、ほとんどてこ入れをしていないiDeCoプランでは、運用手数料が高い投資信託をラインナップしている一方で、近年の商品トレンドを踏まえた最新ラインナップとしている金融機関は運用手数料が低い投資信託を組み入れています。

　運用商品の手数料の差、たかが数％と軽く見ていると、長期的には大きな差となります。例えば、年4％のペースで成長する株式市場に投資をする投資信託があったとして、**年0.5％の運用手数料を取るのか、年1.5％の手数料を取るのかは、大きな違い**です。

　両者に毎月2万円ずつ積み立てたとしたら、30年後の投資元本はどちらも720万円ですが、資産残高は985万円と1165万円の差となってきます。実にその差180万円！　同じ運用環境で手数料の差だけが生み出す差ですから、残高は多いほうがいいですよね。候補となった金融機関について、同種類の投資対象で運用される投資信託を比較してみましょう。**手数料が安いほうに注目**です。

　銀行預金も金利差がありえますが、現状では低金利であるためあまり問題となりません。今後の金利回復時には注目してみましょう。

● 投資信託の手数料に着目して選ぶ

運用成績	積立額	運用管理費用	30年後
年3.5%	月2万円	年1.5%	985万円
年3.5%	月2万円	年0.5%	1165万円

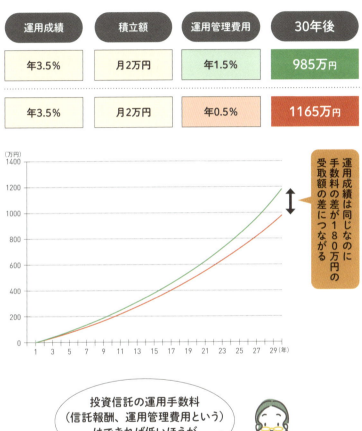

運用成績は同じなのに手数料の差が180万円の受取額の差につながる

投資信託の運用手数料（信託報酬、運用管理費用という）はできれば低いほうがいいでしょう

まとめ
- [ ] 投資信託のラインナップは金融機関の裁量に委ねられている
- [ ] 近年の商品トレンドは運用手数料が低い投資信託
- [ ] 候補の金融機関の投資信託は手数料で比べてみる

022 INDIVIDUAL-TYPE DEFINED
CONTRIBUTION PENSION PLAN

資料請求は数社同時でもOK

● iDeCoはひとり1口座だが、口座開設書類は複数請求をしてもいい

NISAはひとり1口座しか開設することができませんが、iDeCoもひとり1口座しか開設することができません。税制優遇も強いことから、口座開設時に厳格な本人確認が行われ、**2口座の同時開設はできない**ようになっています（企業型の確定拠出年金とiDeCoは2口座同時設定が可能です。ただし、iDeCoと同様の性格を持つ企業型確定拠出年金内のマッチング拠出※とiDeCoは同時に利用できないのでご注意ください）。

NISAでは、口座開設がオンラインで申し込み完了する金融機関が増えています。口座開設手続きはすぐに仮完了するため、申し込み段階で必ず1社を選んでおく必要があります。

しかし、iDeCoは基本的に紙の書類をやりとりします（事務フローの改善、デジタル化の対応が徐々に進んでおり、一部の金融機関はオンラインで手続きが完結します）。また、**投資の基礎的な理解、iDeCo制度の基本的な理解をしていることを加入の要件としている**こともあり、口座開設書類を取り寄せると、投資教育ツールを同梱して送ってくれることがあります。

もし、「iDeCo、A社とB社で決めかねている……」のような場合、**2社に同時請求をしてみることは可能**です。申し込みキットの中には実際の取引画面やシミュレーション機能などのサービス概要を説明していることもあり、最終的に口座を決めるヒントが得られるかもしれません。

もちろん、最後は1社のみ申し込みをすることになります。

※マッチング拠出とは加入者が事業主の掛金に上乗せできること。

58

● 資料請求から申し込みまでの流れ

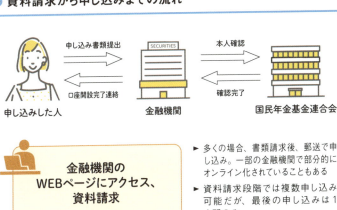

**金融機関の
WEBページにアクセス、
資料請求**

- 多くの場合、書類請求後、郵送で申し込み。一部の金融機関で部分的にオンライン化されていることもある
- 資料請求段階では複数申し込み可能だが、最後の申し込みは1カ所のみ

**口座開設申込書に
必要事項を記入する**

- 住所、氏名等の本人確認情報を記入。記入内容が多いので注意しながら書く(次ページ参照)

本人確認を行う

- 金融機関が書類を受理し、記載内容に相違ないか確認し、国民年金基金連合会に送付する
- 不備等があれば修正のやりとりを行うことも

**iDeCo口座が開設され
積み立てが始まる**

- 数カ月ほど時間がかかって、iDeCo口座が開設、積み立てがスタートする

Part 4 どこで始める? 口座開設までに行うことは?

まとめ
- ☐ iDeCoもひとり1口座。口座開設時には**厳格な本人確認が必要**
- ☐ 企業型の確定拠出年金とiDeCoは2口座同時設定が可能
- ☐ iDeCoの仕組み、投資の基礎的な理解をしたうえで加入

023 INDIVIDUAL-TYPE DEFINED
CONTRIBUTION PENSION PLAN

わかりにくいと言われる
口座開設申込書の記入ポイント

○ 基礎年金番号、被保険者の種別など、確認しながら記入しよう

　iDeCoは口座開設時の申込書（個人型年金加入申出書）がわかりにくいと言われています。これは**制度の性格上、いくつかの本人確認を行う必要がある**からです。記入の仕方を説明した補助資料もありますので、ひとつひとつ確認しながら記入していきましょう。

1. 申出者：自分自身に関する情報です。氏名、住所、生年月日、連絡先電話番号を記入しますが、ここで**「基礎年金番号」が必要**になります。年金手帳があればそこに、なければねんきん定期便にも記載があります（誕生月に郵送される加入履歴の確認書類）。

2. 被保険者の種別：自分に該当する公的年金の加入状況についてチェックを入れます。これにより拠出限度額が変わります。

3. 掛金の納付方法：次項 P.62 で説明します。基本は個人払込です。

4. 掛金引落口座情報：次項 P.62 で説明します。届出印を2枚目に押印することを忘れないようにしましょう。

5. 掛金額区分：基本的には左の毎月定額を選択、毎月の掛金額を記入します。

6. 現在のお勤め先（事業所情報）：会社員の場合、別紙チャートを参考に該当するコード番号を記入します。

7. 付加保険料納付状況・国民年金基金加入状況について：自営業者等の場合、該当する場合はチェックします。

8. 給付金・年金の受給状況について：60歳以上で新規加入する場合、チェックします（チェックできない場合、加入できません）。

※2024年12月現在。様式が改訂される可能性があります。

● 口座開設資料の記入ポイント

Part 4

どこで始める？ 口座開設までに行うことは？

基礎年金番号は正確に記入

掛金の引落口座を記入

掛金額を記入

加入者の立場ごとに選択

納付方法を選択

該当する内容に✓

※掛金の払込において、会社からの天引きを
希望する場合、別途会社の証明書が必要になります

まとめ	☐ 口座開設時の申込書は補助資料を確認して記入しよう
	☐ 「基礎年金番号」「被保険者の種別」を記入する
	☐ 2024年12月現在。改訂される可能性があるので都度チェック

024 INDIVIDUAL-TYPE DEFINED
CONTRIBUTION PENSION PLAN

引き落とし口座は基本的に
自分の給与振込口座を指定

◎引落日は毎月26日。自分の給与振込口座を引き落としに設定

　iDeCoの場合、申込書類に「毎月の掛金額」と「掛金の引落口座」を指定することになります。**iDeCoでは申し込みが完了すると、いきなり掛金の引き落としが始まります**。NISAの場合、とりあえず口座開設が先で、入金や定期積立の設定は後で行うため、何もしなければ投資はスタートしないのと対照的です。このため積立金額の指定と口座指定は必ず行います。

　掛金の引き落とし方法については、「給与振込時点で会社から直接納付」してもらう方法と「**自分の銀行口座を指定し引き落としてもらう**」方法があります。とはいえ、会社からの天引き納付については、会社が対応している必要があります。多くの会社では未対応で、会社と交渉して対応してもらうのが面倒であれば、自分の銀行口座から引き落としをしておくのが無難でしょう。

　このとき、基本的には給与振込口座を指定します。「給与振込口座ではなく、積立投資用に別の銀行口座を引き落としに設定しよう」と考えると、残高不足で引き落としされないリスクがあります。**iDeCoは再引き落としをかけてくれませんので、残高不足があるとその月は「積み立てゼロ」**で終わってしまいます。

　引落日は毎月26日となっていますから、15日ないし25日で給与振り込みされている場合は、残高不足の心配はないはずです。

　ただし、一部未対応の金融機関があって信託銀行の一部、ネット銀行の一部（セブン銀行など）は指定できません。この場合は仕方ありませんので、他の金融機関を指定してください。

62

● 掛金の引き落としに2つの選択肢

```
┌─────────────────┐      ┌─────────────────┐
│   給与振込時      │      │  自分の銀行口座    │
│  会社から直接     │      │  から毎月26日     │
│    天引き        │      │    引き落とし     │
└────────┬────────┘      └────────┬────────┘
         ▼                        ▼
┌─────────────────┐      ┌─────────────────┐
│  会社が対応している │      │ 基本的には給与振込口座から│
│  場合のみ選択可    │      │    引き落としてもらう    │
│  （多くは未対応）  │      │（一部銀行は iDeCo の掛金 │
│                 │      │ 引き落とし未対応なので確認を）│
└─────────────────┘      └─────────────────┘
```

※引き落としミスが生じない、税金の手続きが不要などメリットも大きい 対応企業が増えることに期待

※残高不足が生じた場合、引き落としミスになり、再引き落としはしないので要注意（銀行に数万円でもいいので定期預金を作っておくといい。一時的にマイナスになっても引き落としを優先してくれる当座貸越の仕組みがある）

> 給与振込口座以外を指定すると、うっかり残高不足で引き落とし失敗の可能性があるので注意してくださいね。給与振込口座なら26日引き落としなので25日振り込みの会社なら問題なく引き落としができるでしょう

まとめ
- ☐ iDeCoでは申し込みが完了すると、すぐに掛金の引き落としが始まる
- ☐ 自分の銀行口座から引き落としをしておくのが無難
- ☐ 引落日は毎月26日。残高不足があると積み立てゼロになる

Part 4 どこで始める？ 口座開設までに行うことは？

025 INDIVIDUAL-TYPE DEFINED CONTRIBUTION PENSION PLAN

掛金額の設定、購入商品の指定

●「毎月の掛金額」は無理のない設定で複数本を好きな割合で購入

　申込書に必ず記載する項目として「毎月の掛金額」があり、金融機関によっては「購入商品」を指定することもあります（口座開設手続き完了後に商品を指定する場合もあります）。

　積立金額は、無理のない範囲で決定しましょう。もちろん、働き方などで異なる拠出限度額を超えることはできません。**最低金額は5000円以上、1000円単位で決める**こととなっています。上限にする必要はなく、好きな金額を設定できます。月1万円、月1.5万円、月2万円のような感じでキリのよいところで積立額を決めている人も多くいます。iDeCoは原則として取り崩しができませんから、その点も考慮して**60歳までおろさずにすむ金額**にしてください。

　毎月購入する金融商品については、1本に決める必要はなく、**複数本を好きな割合で購入**できます。例えば「A銀行定期預金」「B投資信託」「C投資信託」「D投資信託」を買いたいと思う場合、割合を「25％：45％：15％：15％」のように指定します。基本的に1％刻みで指定できますが、5％ないし10％でざっくり分けて問題はありません。

　このとき、**金額ではなく割合で指定するのが特徴**です。珍しいように思いますが「最初は月1万円でスタートしたけれど、掛金を月1.5万円に変更しよう」といった場合に、割合に応じて購入金額を自動変更してもらえるので、実は便利なのです。

　1本しか買わない場合なら「B投資信託：100％」のように指定することになります。

● 掛金額の設定、購入商品の指定をする

■掛金額はできるだけ上限で

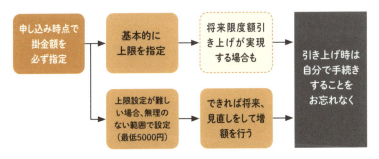

■運用商品はどう選ぶか

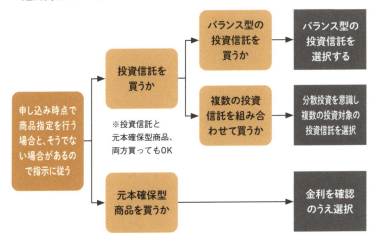

Part 4 どこで始める？口座開設までに行うことは？

まとめ	□ 「毎月の掛金額」は60歳までおろさずにすむ金額で
	□ 毎月購入する金融商品は複数本を好きな割合で購入
	□ 金額ではなく割合で指定するのが特徴

026 INDIVIDUAL-TYPE DEFINED
CONTRIBUTION PENSION PLAN

口座開設が完了すれば
初回引き落としが開始

◉ 指定されたURLにログインして、金融商品と資産配分を必ず設定

　証券口座やNISA口座は、申し込みから実際の口座開設までのタイムラグが短くなっていますが、iDeCoは口座開設まで少し時間がかかります。**一般的なイメージでは1カ月半から2カ月**です。やる気になった人にとってはじれったい数カ月ですが、iDeCoの口座はそのあと何十年も続けるわけですし、これまで未開設であった時間を考えれば、数カ月はわずかなものです。じっくりかまえて待ちましょう。

　国民年金基金連合会で書類が受理され、本人確認や事業所の確認などが行われ、開設手続きが完了すると、**一般的には3種類の書類が送付**されてきます（右図）。

　まず、指定されたURLにログインし、パスワードの設定をしておきましょう。レコードキーピング会社のWEBサイトにログインする場合と、証券会社等の金融機関側のWEBサイトにログインする場合があります。どちらの場合でも、書類の指示通り行えば間違いありません。

　パソコンから設定してもかまいませんが、**スマホからもログインし、パスワードを保存しておくとその後のアクセスが簡単**になります（もちろん、スマホの本人認証設定などは忘れずに）。

　申込書類の段階で金融商品を指定していなかった場合、ここで金融商品の指定をしておきます。**未指定のままだと金融機関が指定した商品を自動的に購入**したことになってしまいますので、自分の好みの資産配分で指定をしておいてください。

　また、初回の掛金引き落としについては、書類の受付タイミングなどにより、2カ月分の引き落としになることがあります。

● 口座開設の完了から初回引き落とし開始まで

```
┌─────────────────────────┐  ┐
│   加入申込書類の提出    │  │
└─────────────────────────┘  │
           ▼                 │
┌─────────────────────────┐  │ 1
│   受付金融機関が受理、  │  │ ～
│   国民年金基金連合会へ送付 │ 2
└─────────────────────────┘  │ カ月かかることもある
           ▼                 │
┌─────────────────────────┐  │
│   国民年金基金連合会で  │  │
│    資格確認等を行う     │  │
└─────────────────────────┘  ┘
           ▼
```

加入者となったら3点の書類が届く

1. 個人型年金（iDeCo）加入確認通知書
   （国民年金基金連合会から発送）
2. 口座開設のお知らせ
3. パスワード設定のお知らせ
   （データ管理を行うレコードキーピング会社から発送）

▼

掛金引き落としスタート
（初回のみ2カ月分引き落としの場合あり）

書類不備があった場合、再送付を求められることもあります

まとめ
- ☐ iDeCoは口座開設まで1カ月半から2カ月程度かかる
- ☐ スマホからもログインし、パスワードを保存すればアクセスが簡単に
- ☐ 自分で金融商品を選び、好みの資産配分を指定しよう

Part 4　どこで始める？ 口座開設までに行うことは？

● Column

これでも負担は軽くなった。
口座開設手続きはどこまでラクになる?

　iDeCoの申し込み手続きは、NISAと比べるとわかりにくく複雑です。NISAの場合、成人なら誰でも簡単に、同一条件の口座を開設できます。ところがiDeCoではそうではありません。ややこしい原因のひとつが拠出限度額で、本人がわかりにくいだけでなく、受付側も働き方などを確認する必要があるため、提出書類が多くなっています。

　この手続き、それでも昔よりはシンプルになってきています。会社員が会社に証明書を求めるような作業は2024年12月から不要となりました。拠出限度額のチェックは基礎年金番号で大きく大別でき、また企業年金ネットワークというシステムを構築したことで、企業年金の有無や限度額の上限なども把握できるようになったからです。

　現在では一部のプロセスが電子化されるにとどまっていますが、口座開設書類の完全電子化も少しずつステップアップしています。こちらも将来的にはオンラインですべて手続きが完結する方向で改良を目指しているようです。

「制度は魅力的だと思うけど、手続きが面倒だから開設をしない」というのは、気持ちはわかりますがやっぱりもったいないことです。一度口座を開けば、あとはほぼ自動的に引き落としと積み立てがスタートし継続します。最初の面倒だけ、勢いでやりとげてしまうことをおすすめします。それこそ「今」、金融機関を選んで書類の取り寄せをするところまで(ここまでならオンラインで完結します!)やってみてください。そうしないと、数カ月あるいは数年後まで開設しないままになってしまうかもしれませんよ。

INDIVIDUAL-TYPE DEFINED CONTRIBUTION PENSION PLAN

Part

5

iDeCo運用の重要ポイント
投資信託の選び方

そもそも投資信託とはどんな商品か?

投資信託は少額からの分散投資の運用を専門家に任せられる

　投資信託は、NISAでも人気の運用方法ですが、iDeCo運用においても重要な選択肢です。**iDeCoでは、直接個別企業の株式や債券等を購入することができない**ため、投資信託がリスクのある資産運用の受け皿となっています。国内の株式への投資をしたい、グローバルに株式投資をしたい、といったニーズは投資信託で実現できます。

　投資信託は個人が資産運用を行うにあたって、うまい仕組みとなっています。投資信託にはいくつかのメリットがあり、私たちの投資の負担を小さくしてくれます。例えば、

1. 少額から投資が可能：確定拠出年金においては**1円単位で好きな投資信託を好きな量だけ購入**できます。「掛金の50％をA投資信託購入に振り向ける」のような指示をしておけば、株価の変動や投資信託の価格の変動を気にすることなく、自動的に指定した金額の購入ができるのです。

2. 広く分散投資が可能：**投資信託最大の魅力は複数の銘柄、複数の地域へ分散投資**を行えることです。1社あたり数十〜数百万円の個別株を買い集めることは個人にとっては困難です。また1社の経営不振で資産が大きく目減りすることもあります。投資信託であれば数百社から数千社に同時に投資をすることができるので、簡単に分散投資を行うことができます。

3. 運用の詳細は専門家に委ねられる：細かい投資の判断をいちいち個人が行ったら、高度な判断と多くの時間が必要になります。投資信託ならそれは専門の運用担当者に任せることができます。

● 投資信託の仕組み

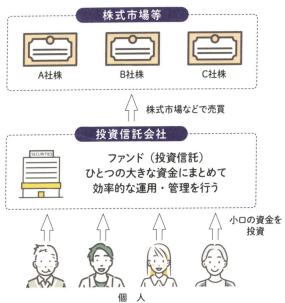

● 投資信託のメリット

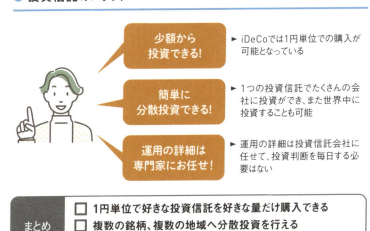

028 INDIVIDUAL-TYPE DEFINED CONTRIBUTION PENSION PLAN

投資対象、投資地域、投資信託の運用方針を見比べよう

単一か複数か。株か債券か不動産か。国内か先進国か新興国か

投資信託はあらかじめ運用方針や投資対象を示します。投資信託を大きく分けると、「単一の投資対象のみで運用する投資信託」と「複数の投資対象で運用する投資信託」があります。前者の例は「日本の株式だけで運用する投資信託」で、日本の株だけで投資します。後者の例は「国内外の株式、債券、不動産で投資を行う投資信託」のようなものです（→詳しくはP.76）。

投資対象を大きく分けると「株式、債券、その他（不動産投資など）」があり、投資地域で考えると「国内、先進国（海外）、新興国（海外）」があります。

投資対象や地域ごとに、値動きの大きさやブレ幅、値動きのタイミングなどが異なりますので、どの投資対象で運用する投資信託か、購入時点でよく確認することが必要です。

そのほか、同じ投資対象でも「インデックス（パッシブ）運用」と「アクティブ運用」に大別できます。日経平均株価225種、S＆P500などはその国の株式市場の実態をあらわす株価指数ですが、これと同じ銘柄を保有し同等の値動きを示す投資信託がインデックス運用です。シンプルな運用方針であり運用コストも低く抑えられます。

これに対し、運用会社の独自性を発揮し（企業リサーチをしたり、データ分析を行い企業を選別する）、インデックスよりも高い運用成績を目指すものがアクティブ運用です。運用コストは高くなりますが、高い利回りが実現する可能性があります（結果として高い利回りにならない可能性も少なからずあります）。

投資信託の対象、地域、運用方針を見比べる

代表的な4つの投資対象

先進国と新興国で分けることもある

国内の株式 / 外国の株式 / 国内の債券 / 外国の債券

代表的な投資対象は「株と債券」「国内と海外」で4種類ある

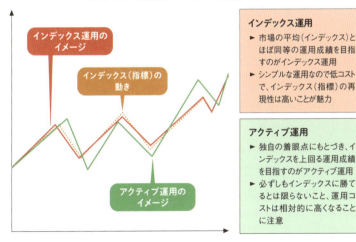

インデックス投資、アクティブ投資のイメージ

インデックス運用のイメージ

インデックス（指標）の動き

アクティブ運用のイメージ

インデックス運用
- 市場の平均（インデックス）とほぼ同等の運用成績を目指すのがインデックス運用
- シンプルな運用なので低コストで、インデックス（指標）の再現性は高いことが魅力

アクティブ運用
- 独自の着眼点にもとづき、インデックスを上回る運用成績を目指すのがアクティブ運用
- 必ずしもインデックスに勝てるとは限らないこと、運用コストは相対的に高くなることに注意

まとめ
- ☐ 投資対象を大きく分けると株式、債券、その他（不動産投資など）
- ☐ 投資地域で分けると国内、先進国（海外）、新興国（海外）がある
- ☐ さらにインデックス（パッシブ）運用とアクティブ運用がある

029

INDIVIDUAL-TYPE DEFINED
CONTRIBUTION PENSION PLAN

投資信託の3つの
運用コストを知っておこう

▶ 購入時と解約時は無料、運用管理費用の低下などコストは下降方向

投資信託はあなたの代わりに運用会社に運用を行ってもらうため当然、手数料がかかります。投資信託の運用にあたっては、3つの段階でかかる手数料に注目してみてください。

(購入時) ……購入時手数料として、一定の手数料を取るケースがあります。近年は**「ノーロード」といってこれを無料とする投資信託が主流**となっています。

(保有期間中) ……運用に係る実費用や運用会社の利益に相当するコストが、運用管理費用（信託報酬ともいう）です。運用管理費用は年単位で「年0.2%」のように表記されます。実際には日割にして内枠※で負担します。手続き等は不要で自動的に引かれます。**運用管理費用が高いことが、運用成績を高める保証、元本割れしない保証ではありません**ので、運用手数料はよく確認をしてください。

(解約時) ……保有している投資信託を解約（売却）するとき、手数料が引かれるケースがあります。信託財産留保額といい、保有している株式等を売却する実費負担を解約する側が負担するという考えです。**信託財産留保額を取らないとする投資信託も多い**ので、購入前あるいは売却時には確認をしてみてください。

近年は購入時と解約時が無料、保有期間中にかかる運用管理費用の低価格化競争が進んでおり、投資信託の費用は大きく下がっています。こうした手数料を、どの段階でいくら取るかはあらかじめWEBやパンフレットに記載されています。記載以外の手数料を勝手に取られることもありませんので安心してください。

※内枠で負担するとは、投資信託の運用管理費用を投資信託の資産の中から支払うこと。

● 投資信託の運用コストを確認する

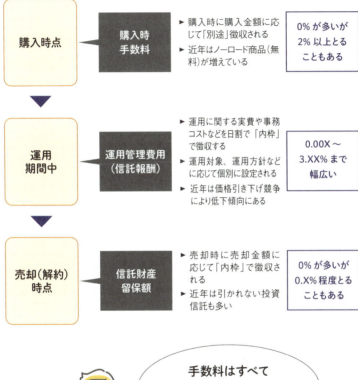

手数料はすべて
あらかじめ開示されているので
納得できるものを選ぼう

まとめ	□ 購入時手数料が無料のノーロード投資信託が主流 □ 運用管理費用（信託報酬ともいう）は自動的に引かれている □ 投資信託を解約（売却）するときに手数料がかかることも

030 INDIVIDUAL-TYPE DEFINED CONTRIBUTION PENSION PLAN

iDeCoで多く設定されている
バランス型ファンドを知ろう

● 1つの投資信託で複数の投資対象に投資できるのがバランス型

　資産運用においては分散投資が重要だといわれます。ひとつの投資対象だけに投資をすると、リスクや値動きの変動幅が大きくなってしまいます。**複数の投資対象（株か債券かなど）、複数の投資地域（国内、先進国、新興国など）に広く投資をできるとリスクは抑えられる**とされます。

　iDeCoにおいては投資信託が分散投資の大きな選択肢となっています。TOPIXのインデックスファンドを買えば、国内株1000社以上に、全世界株のインデックスファンドを買えば、世界中の数千社の株に同時に投資をしたことになります。iDeCoではさらに、1つの投資信託で複数の投資対象に投資できるバランス型の投資信託が多く設定されています。

　先ほどの投資信託は「国内の株式」「国内外の株式」だけに投資をしていることになりますが、これに「国内外の債券」「国内外の不動産投資」のように同時に投資する対象を加えたものがバランス型の投資信託です。それぞれの投資信託ごとに分散投資の配合割合を提示し、効率的な分散投資を行います。

　一般には1つのバランス型ファンドごとに、3タイプがセットで提供されています。株式の投資比率などを調整した資産配分が異なる3タイプがあり、**リスク低め、リスク中くらい、リスク高め**のように、異なる組み合わせを提示、好みの割合を選べるようになっています。便利ですがそれぞれのインデックスファンドを組み合わせるより割高のこともあり、手数料をよく確認してみてください。

● バランス型ファンドは1つの投資信託で複数に投資できる

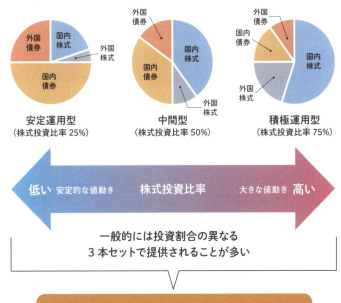

バランス型の投資信託の例

安定運用型（株式投資比率 25%）／中間型（株式投資比率 50%）／積極運用型（株式投資比率 75%）

株式投資比率　低い 安定的な値動き　←→　大きな値動き 高い

一般的には投資割合の異なる3本セットで提供されることが多い

複数の投資対象を1本で投資でき、あらかじめ決めた投資割合で運用してくれる（一般的には手数料はやや高い）

※資産配分と実際の保有割合がズレた場合、元の資産配分に合わせて調整をしてくれる

※1つの投資信託を持ち続ければよいので、運用状況に応じたメンテナンスの負担が軽くなるメリット

Part 5　iDeCo運用の重要ポイント　投資信託の選び方

まとめ
- [ ] iDeCoにおいては投資信託が分散投資の大きな選択肢
- [ ] 複数の対象、地域など同時に投資できるのがバランス型ファンド
- [ ] 1つのバランス型ファンドごとに3タイプあることが多い

031 INDIVIDUAL-TYPE DEFINED CONTRIBUTION PENSION PLAN

アメリカでは主流の
ターゲットイヤー型投資信託とは?

⊙ ターゲットイヤー(リタイア時期)に応じて運用リスクを自動的に変更

　アメリカの確定拠出年金に当たる401(k)プランで人気となっており、日本でも普及の兆しを見せているのが**ターゲットイヤー型(ターゲットデート型)の投資信託**です。

　この投資信託、ベースとなっているのはバランス型の投資信託ですが、**年齢に応じて組み合わせの割合を自動的に変更してくれる**ところに特徴があります。ターゲットイヤーという「ゴールとなる年」が用意されており、その年以降はリタイア生活に入ることから、あまりリスクをとらない運用方針とします。その代わり、若い時期は高いリスクをとって積極的に運用をします。**年をとるに応じて運用のリスク割合を徐々に引き下げていくプロセスを、自動的に行ってくれる仕組みがターゲットイヤー型の投資信託**です。

　今までは、個人で若いうちは「積極運用型」のバランス型ファンドを購入、加齢に応じて解約し「安定運用型」のバランス型ファンドに乗り換えていくべきとされていました。しかし、これは大変ですから、作業を自動化してくれるという仕組みが評価され、**アメリカの確定拠出年金では主流の商品に成長**しているのです。

　ゴール年で、4~5本程度が設定されるのが一般的です。例えば「2040年」「2050年」「2060年」とあったら、自分のリタイア時期に近い商品をひとつ選ぶことになります。提示された年に到達するころにはどのターゲットイヤー型投信もリスクを抑えた運用に自動シフトしている格好です。金融機関によってはターゲットイヤー型投資信託を採用していない場合もあります。注目してみてください。

● リタイア時期をゴールとしたターゲットイヤー型投資信託の例

2060年ゴールの例

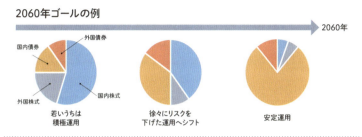

2050年ゴールの例

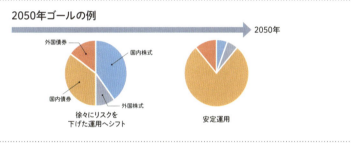

2040年ゴールの例

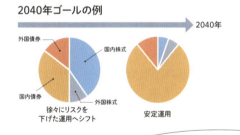

個人は自分のリタイア年齢に近いターゲットイヤー型投資信託を持つだけで、投資信託が年齢に応じたリスク調整を自動的に行ってくれます

まとめ	☐ アメリカの確定拠出年金で主流のターゲットイヤー型投資信託に注目 ☐ ターゲットイヤー型はリタイア時期に応じて運用リスクを自動的に変更 ☐ ゴール年（リタイア時期＝ダーゲットイヤー）に近い商品を選ぶ

032
INDIVIDUAL-TYPE DEFINED
CONTRIBUTION PENSION PLAN

投資信託を1本だけ選ぶなら…
オールカントリーかバランス型ファンドか

シンプルに運用を考えれば、投資信託を1本選んで集中投資もあり

　投資信託をどう選ぶかは難しい問題です。iDeCoでは何本買ってもいいし、それぞれに異なる金額を指定し効率的な運用を目指すこともできます。しかしこだわるほどに運用が複雑になります。

　もし、シンプルに運用を考えたいなら「1本だけ投資信託を選んで、掛金のすべてを集中して投資をする」ということになります。

　例えば、近年では**「オールカントリー系」の投資信託が人気**ですが、1つの投資信託に資金を集中させても、**これ1本で日本、米国、その他の先進国や新興国に同時に分散投資をする**ことができます（ただし、日本への投資割合は1割程度）。

　iDeCoに従来からある分散投資の選択肢を活用するなら、バランス型ファンドを1本買う方法もあります。こちらは**国内外の株式だけではなく債券運用を組み入れており、全世界株での投資よりもリスクを抑えられることが大きな違い**です。バランス型ファンドによっては不動産投資を組み入れており、さらに分散投資が進むこともあります。ただし、リスクが低いバランス型ファンドだと株式投資は25％程度となっていて、株価が大きく上昇しても投資信託としてはあまり値上がりしないこともあります。**バランス型ファンドについては株式投資比率が中程度あるいは高めのもの**を選んだほうがいいでしょう。

　1本だけで投資をする、ということは、その投資信託の値動きだけにiDeCoの資産の増減が左右されるということです。「iDeCoの外」で一定の定期預金を持ちつつ、シンプルな運用を行いましょう。

投資信託を1本だけ選ぶならば…

投資信託を1本だけ選ぶ

→ **特定の投資対象の投資信託を1本選ぶ**

- **例) オールカントリー系の投資信託を1本選ぶ**
  iDeCoの投資は「国内、海外株式」に100%振り向け、手元の預貯金等との保有バランスでリスクを調整する

- **例) 日本株の投資信託を1本選ぶ**
  iDeCoの投資は「国内株式」に100%振り向け、手元の預貯金等との保有バランスでリスクを調整、必要に応じてNISAでも投資する

→ **バランス型ファンドを1本選ぶ**

- **例) バランス型の投資信託を選ぶ**
  3種類ほどある中で、中間あるいは株式投資比率が高い投資信託を選ぶ(リスクを抑えたバランス型の投資信託は値上がりが小さい)

- **例) ターゲットイヤー型投資信託を選ぶ**
  自分のリタイア年に近い年を設定しているターゲットイヤー型投資信託を1つ購入し、分散投資も、運用割合の見直しもお任せする

Part 5 iDeCo運用の重要ポイント 投資信託の選び方

1本のみでiDeCoの運用を行う場合でも、NISAや定期預金も併せて考えましょう

まとめ
- ☐ オールカントリー系は日本、米国、先進国、新興国に分散投資
- ☐ バランス型ファンドは株式+債券で全世界株の投資よりもリスク減
- ☐ 1本だけに投資するなら、一定の定期預金を持ちシンプルな運用を

033
INDIVIDUAL-TYPE DEFINED
CONTRIBUTION PENSION PLAN

投資信託を複数本持つ場合は
運用状況の確認と見直しを

自分なりの投資スタイル、リスクとリターンのバランスを考える

　複投資信託を複数本持つ場合は、自分なりの投資スタイルに近づく組み合わせを考えていくことになります。また、リスクとリターンのバランスを考えることも必要です。高度な運用知識が求められ、また**適宜、運用状況の確認と見直しが必要**になってきます。

　シンプルに、**国の年金運用（GPIF）の資産配分に近い組み合わせ**を考えたとします。この場合、「**国内株25%：外国株25%：国内債券25%：外国債券25%**」となっていますが、

約25〜30%　　国内株式で運用する投資信託

約20〜25%　　オールカントリー系の投資信託

約25%　　　　国内債券で運用する投資信託

約25%　　　　外国債券で運用する投資信託

を4本組み合わせればほぼ同等の運用が可能になります。ただしこの場合、投資割合が徐々にズレて行くことになりますので、年に一回程度でもいいので微修正が必要になります（例えば株価がぐんぐん上がったとすれば株式投資比率が60%超：債券投資比率が40%以下」のようになってしまいます）。

　実は、**バランス型の投資信託で「株式投資比率50%」の組み合わせ**の商品を選べば、近い資産配分の運用が行えます。こちらは投資割合の調整はバランス型の投資信託が自動的に行ってくれて便利です（GPIFと同じ資産配分という運用方針を掲げる投資信託も、実はあったりします）。自分なりの組み合わせ、負担なく実行できる方法を検討してみてください。

● 投資信託を複数本持つ場合の選び方

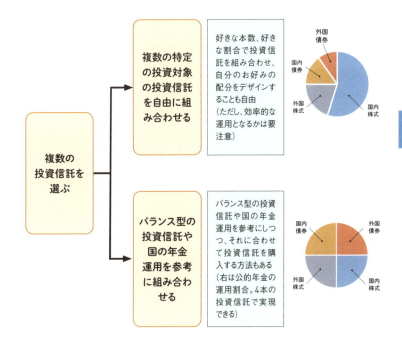

複数本の組み合わせや、最適化を考える参考に、アセットアロケーションツールを金融機関が提供していることもあります

まとめ
- ☐ 複数本を持つ場合は運用状況の確認と見直しが必要
- ☐ バランス型の投資信託で「株式投資比率50%」はGPIFに近い資産配分
- ☐ 自分なりの組み合わせ、負担なく実行できる方法を検討する

034 INDIVIDUAL-TYPE DEFINED
CONTRIBUTION PENSION PLAN

自分の好みの投資信託を選ぶ
シンプルな基準とは?

⊙ バランス型を使うかどうか。アクティブ運用を入れるかどうか

　iDeCoでは各社最大で35本に絞り込みをするよう法律の制限があるため、NISAのように何百本の投資信託から選ぶような苦労はありません。それでも好みの投資信託を選ぶのは簡単ではありません。そこで、自分の好みの投資信託を選ぶ簡単なチャートを最後にご紹介します。

（選択1）：バランス型ファンドを使うかどうか決める

　最初に決定したいのは、バランス型の投資信託を活用するかどうか、です。バランス型の投資信託は、1つで複数の投資対象に分散投資でき、また資産配分のバランス調整も自動で行われることがメリットですが、割高なバランス型の投資信託を選定しているiDeCoプランもありますので、要注意です。近年の傾向を考えれば、運用管理費用が年0.5％以上のバランス型の投資信託は割高でしょう。

　iDeCoプラン内のバランス型の投資信託から1つを選びます。3種類の選択肢があれば、基本的には株式投資の割合が一番高いバランス型の投資信託を選びましょう。

（選択2）：**インデックス運用のみとするか、アクティブな運用を組み入れるか決める**

　インデックス運用のみで投資をするのか、アクティブな運用を組み入れるか考えます。市場の平均だけでも十分に物価上昇率以上の利回りは得られます。手数料ではインデックス運用に分があります。

　もしアクティブファンドを購入する場合も、インデックス運用を中核に据え、アクティブファンドを少し購入するといいでしょう。

● 自分好みの投資信託の選び方

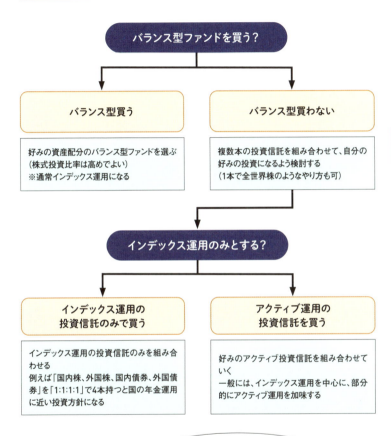

バランス型ファンドを買う?

- **バランス型買う**
  好みの資産配分のバランス型ファンドを選ぶ（株式投資比率は高めでよい）
  ※通常インデックス運用になる

- **バランス型買わない**
  複数本の投資信託を組み合わせて、自分の好みの投資になるよう検討する
  （1本で全世界株のようなやり方も可）

インデックス運用のみとする?

- **インデックス運用の投資信託のみで買う**
  インデックス運用の投資信託のみを組み合わせる
  例えば「国内株、外国株、国内債券、外国債券」を「1:1:1:1」で4本持つと国の年金運用に近い投資方針になる

- **アクティブ運用の投資信託を買う**
  好みのアクティブ投資信託を組み合わせていく
  一般には、インデックス運用を中心に、部分的にアクティブ運用を加味する

複数本を購入する場合、購入時の割合が変化していくので、運用の見直しもお忘れなく

まとめ	□ iDeCoで扱う商品は各社最大で35本までと法律の制限あり □ 運用管理費用が割高なバランス型の投資信託は要注意 □ インデックス運用を中核に、アクティブファンドを検討も可

● Column

iDeCoの投資信託ラインナップ、
手数料引き下げ競争では出遅れ気味にご注意

投資信託は今、手数料引き下げ競争が加速しています。20年以上前にiDeCoがスタートしたとき（その頃はiDeCoという愛称もありませんでした）、日本株のインデックスファンドの運用管理費用が年0.7%なら安いほうだといわれていました。海外株で運用する投資信託の場合は年1.5%でも安いほうでした。

銀行の窓口で購入できる投資信託より企業型の確定拠出年金のほうが割安設定だった時代もありましたが、競争が進んだことで、銀行や証券会社では手数料が低い投資信託を選択できるようになっています。これはNISAも同様です。

今ではオールカントリー系の投資信託が0.05775%（税込み）の手数料を提示するほどに低下しました。これは最安値の例ですが国内株でのインデックス運用コストも下がっており、年0.2%以下の商品がiDeCoにもラインナップされています。

ところがこの値下げ競争、一部金融機関のiDeCo商品リストに反映されていないことがあります。手数料が割高な投資信託をそのまま設定し続けており、20年前にスタートしてからほとんど手つかずの金融機関もあるようです。

手数料が高い商品を取り下げ、手数料が低い商品を採用することは顧客の利益になりますが、金融機関の儲けは減り、手間はかかります。言い換えれば低コストの投資信託を採用している金融機関は良心的ということです。iDeCoの口座選びにおいて、投資信託の手数料でチェックするようアドバイスしているのはこのためなのです。

INDIVIDUAL-TYPE DEFINED CONTRIBUTION PENSION PLAN

Part

6

金利設定が有利な商品もある！
元本確保型商品の選び方

035 INDIVIDUAL-TYPE DEFINED CONTRIBUTION PENSION PLAN

iDeCoにはほぼ含まれる
安全運用の選択肢

● 運用商品の35本以内には元本確保型商品がほぼ含まれる

iDeCoの大きな特徴として、「**運用商品の選択肢は35本以内**」というルールと「**元本確保型商品が含まれる**」というルールがあります。

前者は、商品数が多すぎて利用する人が混乱しないようにするための配慮で、これにより商品数を金融機関に厳選させる仕掛けとなっています。NISAでは何百本もの選択肢があるのと対照的です。

もうひとつNISAと対照的な仕組みが、安全運用できる選択肢があることです。NISAはリスクのある運用商品しか選択肢として選べませんが、**iDeCoのほとんどのプランには元本確保型商品が含まれて**います。実は商品の採用は、現在法令上の義務ではありませんが、過去に義務であったことと、安全運用を希望する利用者も一定割合あることから、ほとんどのiDeCoプランに含まれています。

一般的には、1〜3本くらいの元本確保型商品が用意されています。銀行と生命保険会社など、金融機関が異なる商品を並べて選択肢を増やしたり、1年満期と5年満期、のように満期が異なる商品を並べています。

商品の本数では投資信託より少ないこと、シンプルな違いであることから、元本確保型商品の選択に困ることはあまりないでしょう。それでも、**元本「確保」の考え方に違いがあったり、金利設定に違いがある**ため、違いを知り、活用法を知っておくことは有効です。

iDeCoの解説本でも投資信託の解説にページが割かれていることが多かったりします。本章では、あまり紹介されることのない「元本確保型商品」の仕組みや活用法を紹介したいと思います。

● iDeCoにほぼ含まれる安全運用の選択肢

	リスク運用	安全運用	
NISA	投資信託 / 個別株 / ETF	（選択肢なし）	投資のみがNISAの選択肢
iDeCo	投資信託	銀行 / 生保、損保	投資と安全運用の組み合わせがiDeCoでは可能

iDeCoも投資をする仕組みというイメージがありますが、実は全額を定期預金で運用することもできますし一部を投資、一部を安全に増やすこともできます

まとめ
- □ iDeCoのほとんどのプランには元本確保型商品が含まれている
- □ 一般的に、1～3本くらいの元本確保型商品が用意されている
- □ 元本「確保」の考え方や金利設定を知り活用しよう

Part 6 金利設定が有利な商品もある！元本確保型商品の選び方

036 INDIVIDUAL-TYPE DEFINED CONTRIBUTION PENSION PLAN

元本確保型商品その①
銀行預金の特徴

◎「定期預金」はあらかじめ満期と金利が提示される

　まず銀行預金です。銀行預金は、私たちにとってなじみのある金融商品でしょう。誰でも給与所得者になれば銀行口座を作り、そこに振り込みをしてもらいます。銀行は確定拠出年金にも運用商品を提供しており、元本確保型商品の代表的な選択肢となっています。

　確定拠出年金には、1ないし2行程度の**銀行が元本確保型商品として定期預金を提供**しています。1行のみが採用され、満期の異なる定期預金を2本提供していることもあります。金利については優遇設定されていることが多いようです（詳しくはP.94で説明）。

　基本としては、月単位で金利と満期の提示が行われます。たとえば2025年1月の預け入れ分は5年定期で年0.2%の金利、2月の預け入れ分は5年定期で年0.4%の金利、としていた場合、WEBでログインすると「5年定期預金」について「2025年1月分：5000円」「2025年2月分：5000円」のように表記されます。もし5000円ずつ60カ月預け入れたとしても「定期預金を30万円預けている」ことの詳細は「**5000円ごと60カ月分、金利と満期の異なる預け入れをしている合計**」となっているわけです。

　それぞれ満期が来ると、元本と利息が払い戻され、特に指定がない場合は、満期後の新しい金利で再度預け入れされます。

　銀行預金は中途解約時には基本的に解約時金利を適用します。これは本来の金利が満期まで保有した場合にもらえるもので、中途解約者には金利を低くして支払いをする、というものです。通常の金利を中途解約までの短い期間で計算することもあります。

● 銀行預金の特徴

満期保有で「元本+利息」

2025年1月 　　　　　　　　　　　　　満期2030年1月

預入 → 預替 →

5年定期
年利0.2%

満期時に元本+利息を
受け取る

そのときの金利で
自動更新される

中途解約時は解約時金利

2025年1月　　　　　満期前の中途解約　　他の商品に変更して
　　　　　　　　　　　　　　　　　　　　　運用を継続

預入 → 預替 →

5年定期
年利0.2%

中途解約時には
所定の解約時金利が
適用される（低くなる）

金融機関が破たんしたとき

万が一、金融期間が破たんした場合は、ペイオフの保護対象となります。
iDeCo以外の預金と、iDeCo内の預金の合計が1000万円まで元本と利息が保証されます。それ以上の額が満額保証されなかった場合、iDeCo預金の保護が後回しになります。

A銀行

普通預金　　iDeCo預金

合計1000万円かで判断

Part 6 金利設定が有利な商品もある！ 元本確保型商品の選び方

まとめ	□ 銀行が元本確保型商品として定期預金を提供 □ 基本は、月単位で金利と満期を提示 □ 銀行預金は中途解約時には基本的に解約時金利が適用される

037 INDIVIDUAL-TYPE DEFINED
CONTRIBUTION PENSION PLAN

元本確保型商品その②
生保、損保商品の特徴

● 中途解約時に必ずしも元本が保証されない元本「確保」型商品

　生命保険会社、損害保険会社は保険商品の仕組みを用いた確定拠出年金の商品を提供しています。基本的には銀行預金に準じる考え方ですが、ちょっと異なる部分もあります。

　まず、保険商品については、満期まで保有すれば購入時点で提示された金利と元本が戻ってくるところは銀行預金と同じく考えて大丈夫です。ケースによっては、銀行預金よりちょっと高めの金利を提示していることもあります。

　銀行預金と異なるのは、中途解約時の取り扱いです。元本「保証」商品ではなく**元本「確保」型商品と呼ぶのは中途解約時には必ずしも元本が保証されていない**からです。中途解約時にはその時点までの利息を計算後、解約にかかる手数料を引く（解約控除）、という考え方が原則です。この手数料が利息を上回った場合、必ずしも元本が戻ってくるわけではない、ということになります。この解約控除の計算ルールは複雑で、簡単に説明できないので、**基本的には保険商品は満期まで持ち続けること**を心がけましょう。一部の保険会社は中途解約時にマイナスにはならないとしています。

　もし、投資割合を増やしたいため元本確保型商品を減らしたいなら、銀行預金からシフトするといいでしょう。

　保険会社の商品の魅力として、保険事故があった場合の給付については、解約控除の手数料計算の対象外とするほか、損害保険会社など割増しの給付を上乗せすることもあるようです。ただし、何千万円も出るわけではありませんのでご注意ください。

生保、損保商品の特徴

満期保有で「元本＋利息」

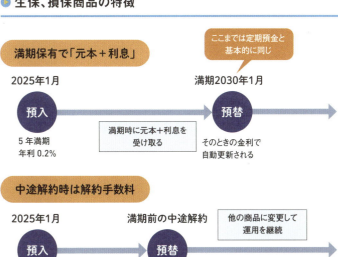

中途解約時は解約手数料

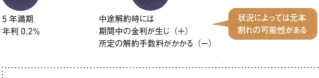

金融機関が破たんしたとき

万が一、生命保険会社が破たんした場合、保険契約者保護機構のもと破たん処理が行われます。保険会社の元本確保型商品の場合、90％の補償限度が用意されています。

生保、損保商品は、解約手数料が生じるので、中途解約時には注意が必要です。満期保有すれば高利回りということもあります

| まとめ | ☐ 中途解約時に必ずしも元本が保証されない元本「確保」型商品
☐ 解約控除の計算ルールは複雑なので満期まで持ち続ける
☐ 保険事故があった場合の給付は解約控除の手数料計算の対象外 |

038 INDIVIDUAL-TYPE DEFINED
CONTRIBUTION PENSION PLAN

元本確保型商品の
金利はどのくらい?

⊙ 元本確保型商品は物価上昇率と同程度か少し上の金利を期待したい

　元本確保型商品の金利はどの程度でしょうか。日銀のマイナス金利政策がスタートして以降、預け入れ金額も預け入れ期間も無関係に、0.001%のような金利にそろってしまったことがありましたが、**「預け入れ金額」と「預け入れ期間」によって金利が高くなるのが原則**です。例えばスーパー定期（300万円以上の預け入れ）で、10年定期のようにすると普通預金より明らかに金利は高くなります。

　iDeCoの定期預金には、1年、3年、5年、10年定期のようなパターンがありますが、満期が長いほど金利は高くなります。傾向としては毎月の掛金額やその金融機関への預け入れ合計額にかかわらずスーパー定期と同等の金利設定がされることが多いようです。

　生命保険会社、損害保険会社についても、傾向としては銀行のスーパー定期なみの金利を提示しています。銀行より少し高い利回り設定とすることも多々あります。

　これから先、金利水準が回復してきたときには、元本確保型商品の利回り比較もまた重要な選択肢となってくるでしょう。しかし、執筆時点の金利情勢は、0.00X%のようなほぼゼロ金利からは脱出しつつあるものの、「物価上昇率には負けている」状態です。**元本確保型商品には「物価上昇率と同程度（できればそれを少し上回る）の金利」を期待したい**のですが、そうはなっていません。安全、確実に元本と利回りが返ってくるのはありがたいものの、実質的にはマイナスになっていることを理解し活用することになります。

● iDeCoの元本確保型商品の金利はどのくらいか

一般的に「長期預け入れ」かつ「高額預け入れ」ほど高金利

iDeCo の元本確保型商品の金利はスーパー定期なみ

iDeCo の元本確保型商品は金利設定では有利なことが多く、今後の金利上昇時期にはチェックしてみたいところです

普通預金 → 高金利 → iDeCo 定期預金 保険商品

- スーパー定期の金利に近いことが多い（金額問わず）
- 保険商品が銀行よりやや高金利を提示する傾向

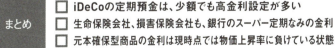

まとめ
- □ iDeCoの定期預金は、少額でも高金利設定が多い
- □ 生命保険会社、損害保険会社も、銀行のスーパー定期なみの金利
- □ 元本確保型商品の金利は現時点では物価上昇率に負けている状態

039 INDIVIDUAL-TYPE DEFINED CONTRIBUTION PENSION PLAN

元本確保型商品100%では
実質マイナスの恐れ

◎ 増え方は物価に負けるが満期まで保有すればマイナスにはならない

　iDeCoの運用戦略を考えたとき、できれば**避けたいのは「元本確保型商品100%」の資産配分**です。

　iDeCoは所得控除のメリットがありますから、掛金の20〜30%相当が税軽減となります（年収等により異なります）。仮に年24万円の積み立てをして20%相当が節税額としたら、4.8万円分が節税分、実質負担は19.2万円ですから、初年度の収益は25%になります。

　しかしこの効果は積み立てた時点の一回限りですから、その後は元本確保型商品の利回りのみが収益です。このとき、**元本確保型商品の利回りは、物価上昇率を下回る傾向が続いています。**

　インフレの怖さ、私たちはもう忘れてしまいましたが、預けているお金が物価上昇率と同程度に増えていなければ、お金の価値は損なわれていることになります。1万円を1年預けたとき、世の中のモノの値段が10500円になったなら、500円の利息を確保しなければいけませんが、現状では年500円の利息はつきません。

　物価上昇率を上回る資産の成長を意識する場合、株式投資の力を組み入れる必要があります。**株式や不動産の成長率は物価上昇率（賃金上昇率）を平均的には上回る**としています。実際にも平均的に年3〜5%くらいは株価上昇が起きています。

　「増え方は物価に負ける」が「満期まで保有すればマイナスにはならない」という特徴をどう活かすかが、元本確保型商品を保有するポイントとなります。

元本確保型商品100%の運用では物価上昇率に負ける

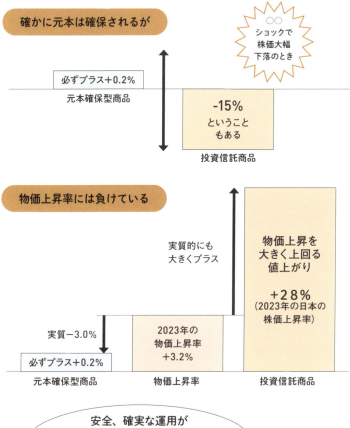

安全、確実な運用が元本確保型商品の魅力ですが、一方で物価上昇率には負けていることも考慮する必要があります

まとめ	□ 「元本確保型商品100%」の資産配分はできれば避けたい □ 元本確保型商品の利回りは物価上昇率を下回る傾向が続いている □ 株式や不動産の成長率は物価上昇率を平均的には上回る

040 INDIVIDUAL-TYPE DEFINED CONTRIBUTION PENSION PLAN

投資信託との組み合わせで活かす元本確保型商品

🔵 金利情勢と投資割合を検討しつつ、元本確保型の組み入れを意識

物価上昇率を下回っているから、元本確保型商品の活用の余地はないか、というとそうでもありません。**「投資信託と元本確保型商品」の組み合わせが可能であることは、NISAにはないiDeCoの魅力**であるからです。

NISAの場合、リスクのある商品しか対象となっていないので、**「NISAと、それ以外」で資産運用のコントロール**をするしかありません。安全性の高い資産をNISAの外で一定割合保有し、全体としてのリスク管理をします。一時的に運用を控えたい場合は、NISA口座から出金するしかありません。

iDeCoでも「iDeCo内は投資信託100%、安全資産は外」という資産運用のコントロールをしてもいいのですが、iDeCo内で「投資信託と元本確保型商品」という組み合わせをして**iDeCoの運用全体でのリスクをコントロールする選択肢**も生まれます。

金利も相対的には高めの設定をしており、**300万円を持ち込まなくてもスーパー定期相当の金利を受けられる**と考えれば魅力があります。また、今後は金利が回復してくるとすれば、iDeCo外での預金については20.315%の税率を課される負担が顕在化してきます。今までは0.00X%のような超低金利だったので課税の実感がありませんでしたが、**iDeCo内でしたらこれも非課税**となり、高金利時には魅力がでてきます。

今後の金利情勢をにらみつつ、また投資割合を検討する中で、元本確保型の組み入れを意識してみてください。

98

● 元本確保型商品は投資信託との組み合わせで活かす

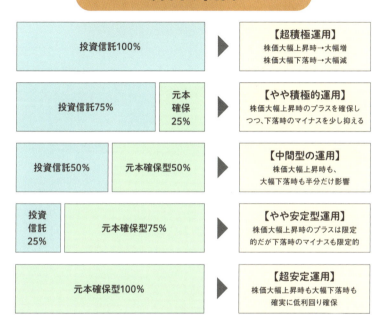

投資信託を多く持つか、元本確保型も一定割合持つことにするか、あらかじめ考えよう

- 投資信託100% → 【超積極運用】株価大幅上昇時→大幅増／株価大幅下落時→大幅減
- 投資信託75% ／ 元本確保25% → 【やや積極的運用】株価大幅上昇時のプラスを確保しつつ、下落時のマイナスを少し抑える
- 投資信託50% ／ 元本確保型50% → 【中間型の運用】株価大幅上昇時も、大幅下落時も半分だけ影響
- 投資信託25% ／ 元本確保型75% → 【やや安定型運用】株価大幅上昇時のプラスは限定的だが下落時のマイナスも限定的
- 元本確保型100% → 【超安定運用】株価大幅上昇時も大幅下落時も確実に低利回り確保

どこまでリスクをとるのか、どこまで安全に運用するのか（ただし物価上昇には勝てない）を考えると自分なりの投資割合が見えてきます

まとめ
- [ ] NISAは、「NISAとそれ以外」で資産運用をコントロールする
- [ ] iDeCo内で「投資信託と元本確保型商品」のリスク管理ができる
- [ ] 投資割合をしっかり考えよう

● Column

元本確保型商品で年3.0%もらえる時代になったら運用しなくてもOK?

　もしも、近い未来に定期預金の金利が年3.0%あるいはそれ以上つくようになったとしたら、資産運用のあり方は変わってくるのでしょうか。

　国の年金運用の実績が年3〜4%だとして、無条件で3%が稼げるなら（しかも確実に）、リスクを考えれば元本確保型100%の運用にしてしまうほうがいいように思います。

　しかし、注意が必要なのは、物価上昇率です。預金金利が年3.0%つくということは、その時代の物価上昇率は基本的に年3.0%あると考えるべきですし、それ以上という可能性もあります。

　投資のリターンは賃金上昇率を上回るというのが経済学者ピケティの知見（r＞g）ですが、賃金上昇率と物価上昇率および預金金利は近しい関係にあるので、これを上回るためにはやはり投資のリターンを獲得していく必要があると考えられます。

　物価が安定的に3%上昇するような世界においては、株価の上昇率はそこから3〜4%上乗せされたところにシフトすると考えられるので、定期預金3.0%時代が来たとしても投資の意義が薄れることはないでしょう（アメリカの株価が年7%以上で高まっていく理由のひとつは日本以上のインフレが継続しているためです）。

　私たちがリスクを取って運用する理由は、物価上昇を上回るリターンを求めるためでもあるわけです。

INDIVIDUAL-TYPE DEFINED CONTRIBUTION PENSION PLAN

Part

7

iDeCo運用の始め方、
続け方

041 INDIVIDUAL-TYPE DEFINED
CONTRIBUTION PENSION PLAN

iDeCoは必ず
「ゼロ円スタート」

◎ ゼロ円スタートだからこそ、早めのiDeCo利用開始を考えよう

投資というと、最初に数百万円を入金し、これを軍資金として売ったり買ったりを繰り返して増やしていくイメージがあります。

しかし **NISAやiDeCoは「ゼロ円スタート」が基本**となっています。どんなにお金があったとしても、いきなり100万円をiDeCo口座に入金することはできません。それぞれの拠出限度額に応じた積み立てをゼロからスタートする仕組みになっています。

また、一定額を定期的に積み立てていくことがベースとなっています。NISAでは「今は株価が安いから、100万円ドカンと入金して購入」ができますが（成長投資枠の場合）、iDeCoでは任意のタイミングで追加入金をすることができないのです。

これはつまり、「**iDeCoはできるだけ早くスタートしたい**」ということでもあります。所得税・住民税の軽減メリットは掛金を入金した人だけが得られます。制度を利用しない場合、**毎月毎月、非課税メリットを放棄**しているようなものです。

毎月一定額しか入金できないため、「**早く始めた人ほど、たくさん税制優遇を得られる**」ということになりますが、どれくらいお得になるでしょうか。仮に月23000円を40年積み立てたとすれば、その2割相当と仮定して、所得税・住民税軽減効果は220.8万円になります。しかし、20年しか積み立てなければ、110.4万円のメリットに下がってしまう、という具合です。

ゼロ円スタートだからこそ、早めのiDeCo利用開始を考えるのが、iDeCo運用の第一のポイントなのです。

● iDeCo投資のイメージ

一般的な投資のイメージ

入金は一度きり

iDeCo投資のイメージ

収益
掛金

継続的な入金

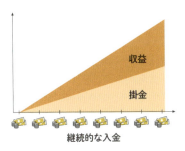

iDeCoは必ずゼロ円からスタートする	入金は月一度定期的に実行	早く始めた人ほどたくさん元本を積める
転職をして企業型確定拠出年金から資産を引き継ぐ場合のみ、高額の持ち込みができる	タイミングは選べないが、確実に投資が継続されていく（サボらないですむ）	早く始めた人ほどたくさん税制優遇ももらえる

iDeCo は早く始めた人ほど
たくさん得ができ、
たくさんの資産形成につながる仕組みです

まとめ
- ☐ NISAやiDeCoは「ゼロ円スタート」が基本
- ☐ iDeCoは一定額を定期的に積み立て。臨時の追加入金はできない
- ☐ 早く始めた人ほど、たくさん税制優遇を得られる

Part 7 iDeCo運用の始め方、続け方

042 INDIVIDUAL-TYPE DEFINED
CONTRIBUTION PENSION PLAN

iDeCoの掛金額は
節約で確保せよ

◎ 毎月のiDeCoの掛金額はお金の流れを「見える化」して確保

ゼロ円スタートで定期的に積み上げていくのがiDeCoだとすれば、重要なのは「**毎月の掛金額を確保する**」ということです。普通の人はすでに貯まっているお金をiDeCoに移すわけではなく、毎月の家計のやりくりからiDeCoの掛金額を捻出することになるからです。

これはつまり「**毎月、iDeCoの掛金相当額を節約することが、iDeCo資産形成の第一歩**」ということです。

iDeCoは投資をするイメージがありますから、何を買うか、いつ買うかのほうが重要に思えますが、もっとも大事なのはそもそもの掛金を用意すること、つまり節約が大事なのです。

「すでに20000円を積み立てしてるので、これをiDeCoに移す」というのもオススメしません。すでに行っている貯金は、おそらく住宅購入費用や教育資金準備のためにがんばっているものでしょうから、そのまま続けていくことが大切です。その上で老後のための資金準備を上積みしてみてください。

そうなると、日々の家計の見直し、改善が重要になってきます。できれば家計簿アプリをインストールするなどして、**毎月のお金の流れを「見える化」**してください。1日あたり300円ほどの節約の余地が見つかれば、月約9000円の掛金が確保できます。

あるいは、**自動引き落としで毎月引かれている固定費について見直し**を図ってみましょう。より安いサービスへの乗り換えをしたり、サービスを停止すればその分が掛金に全額回せます。iDeCoの掛金上限まで節約できるか、チャレンジしてみてください。

● iDeCoの掛金額は節約で確保

今がんばっている
積立定期預金
(学費準備目的)

iDeCoの
積み立てに振り替え
(老後資金目的)

■ 節約でiDeCo用の掛金を捻出する

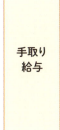

iDeCoの「最初の一歩」は節約です。
掛金分を新たに確保できれば、理想的。
家計簿アプリを活用してみましょう

まとめ
- ☐ iDeCoの掛金相当額を毎月節約することが資産形成の第一歩
- ☐ 家計簿アプリなどを利用して毎月のお金の流れを見える化しよう
- ☐ 自動引き落としで毎月引かれている固定費について見直そう

043 INDIVIDUAL-TYPE DEFINED CONTRIBUTION PENSION PLAN

少額からリタイアまで
コツコツ積み上げていく

◎ 運用イメージは長期間買い続けて大きな税制優遇を手に入れる

投資というと「売ったり買ったりしながら増やす」というイメージが根強いのですが、iDeCoについては「**コツコツ買い続けて、リタイア時にまとめて売る（途中では売らない）**」のような運用イメージを持つといいでしょう。

iDeCoはそもそも**中途解約に厳しい制限があって、60歳以降でしか受け取りができません**。一般的な投資のように「儲かったら売って、お鮨を食べよう」のような散財もできませんし、アラフォー時の住宅購入資金に回すこともできません。**そのトレードオフとして大きな税制優遇がある**わけです。

これを逆手にとって「運用中はあせって売ったり買ったりは繰り返さない」ことを基本方針と考えてみます。株価が上がったときも下がっているときも、一定額を積み上げ続け、最終的に値上がりした資産を受け取ると考えます。つまり投資の中断も行いません。中断をする場合、期を見て再開をする必要がありますが、そうした投資判断は難しいものです。とにかく**長期にわたって掛金を積み上げ続けていくこと**を意識してください。

積み立ての定期預金をアドバイスする人が「**少額でも長く続ければ大きなお金に育ちますよ**」といいますが、iDeCoもまさにその通り。20年あるいは30年以上続けられれば大きな老後資金に育つはずです。

なお、「今50歳（ないし55歳）だけど、今からiDeCoを始めては遅い？」という人も、気にせずiDeCoをスタートしましょう。それでも税制優遇を活用しない手はありません。

● iDeCoは思い立ったら始めるが得

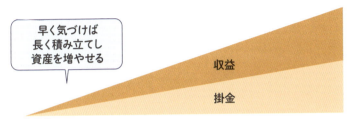

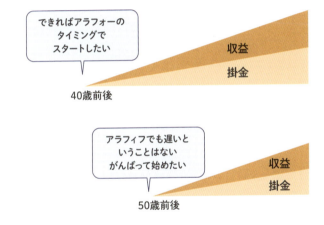

まとめ	☐ 60歳以降でしか受け取りができない代わりに大きな税制優遇 ☐ 長期にわたって掛金を積み上げ続けていくことを意識する ☐ 55歳でも気にせずiDeCoを始めれば税制優遇を活用できる

044 INDIVIDUAL-TYPE DEFINED CONTRIBUTION PENSION PLAN

投資信託のスタイルを活用した投資を考えよう

投資信託の価格の更新は1日に一度。個別銘柄を追う必要もなし

　iDeCoの投資においては、一般的な投資のイメージとは異なる考え方をする必要があります。すでに説明したとおり「最初からまとまったお金を入金できない」というのは一般的な投資のイメージと異なる考え方でしょう。また、**「定期的に月1回しか追加の入金ができない」のもiDeCoの原則**です。今日は株価が下がっているからチャンス！のような臨時入金はできません。

　また、投資の一般的なイメージとして「売買タイミングで勝負する」というものもありますが、iDeCoでは通用しません。月1回の新規掛金は指定日に自動的に購入されるので、「今日こそ買い！」のようなタイミングを選んだ注文はできないのです。

　さらに、**投資信託は、基準価額（投資信託の価格にあたる数字）は1日に一度しか更新されません**。9時から15時半までのあいだにどんなに株価が変動しようとも、投資信託の価格は1日一度しか変わりません。むしろこうした投資信託の特徴を前提とした投資を考えるのがiDeCoの運用スタイルです。リアルタイムでの売買は気にしなくてもいいので、仕事中に株価を心配する必要はないと考えましょう。「いい会社を選ぶ」のような検討に時間をかけなくてもかまいません。**日本株式市場全部、世界の株式市場全部のように広くまんべんなく買うのが投資信託のスタイル**だからです。

　これにより、仕事やプライベートの時間を削って投資をする必要がなくなります。これこそが投資信託を活用した資産運用の最大のメリットといえるかもしれません。

iDeCoの投資スタイル

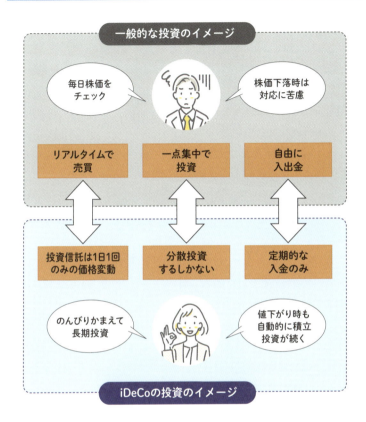

iDeCoはiDeCoならではの投資スタイルで運用を考えましょう。投資信託の活用がカギとなります

まとめ	□ iDeCoは原則として定期的に月1回しか追加の入金ができない □ 投資信託の基準価額は1日一度しか更新されないので気にしない □ 日本株式、世界の株式市場全部を買うのが投資信託のスタイル

045
INDIVIDUAL-TYPE DEFINED
CONTRIBUTION PENSION PLAN

基本的には
「長期・積立・分散」投資を設定

⊙ 定期的な積み立てで国内外に分散投資を20年した場合、勝率はほぼ100%

　ゼロ円スタート、少額からの積み立て、投資信託を用いた運用など、iDeCoの特徴を前提として、どのようなやり方がiDeCo運用に向いているでしょうか。それは**「長期・積立・分散」投資**です。

　まず長期投資です。iDeCoを早期にスタートして長期にわたった積立投資を継続することは元本を大きく積み上げるだけでなく、運用の勝率を上げることにもつながります。

　金融庁の資料によれば、20年にわたり、**定期的な積み立てを行い、国内外に分散投資をした場合、勝率はほぼ100%、年5%程度の利回り**になっているそうです。

　これは1990年代のバブル崩壊はもちろん、ITバブル崩壊やリーマンショックのような時期があいだにはさまったとしても、「20年」の積立投資を続ければそれだけで運用をプラスにする力が経済にはある、ということです。**5年の積み立てでは7回に1回くらい元本割れで終わることがあり**、長期であることがポイントです。

　iDeCoのように一定期間ごとに自動的に積み立てを続ける場合でも、十分に利回りが得られるというのも重要です。景気の動向や株価の上がり下がりを見て売買したり、銘柄選択などを行わなくても十分にプラス運用は可能なのです。

　ただし条件となるのは国内外に分散投資を行うことですが、これは投資信託（バランス型の投資信託でよい）を購入するだけで実現することが可能になります。iDeCoはシンプルな投資で確実な成果を上げることができる仕組みなのです。

勝率100%の運用実績にするには…

20年の長期・積立・分散投資を行えば勝率100%でプラスの運用実績に

資産・地域を分散して積立投資を行った場合の
運用成果の実績【保有期間別（5年、20年）】※

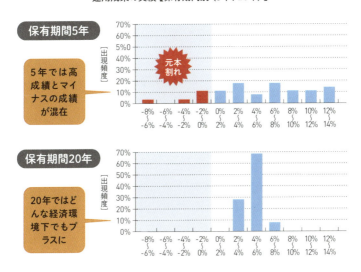

保有期間5年
5年では高成績とマイナスの成績が混在

保有期間20年
20年ではどんな経済環境下でもプラスに

※1985年から2020年の各年に、毎月同額ずつ国内外の株式・債券の買付けを行ったものです。各年の買付け後、保有期間が経過した時点での時価をもとに運用結果及び年率を算出しています。これは過去の実績をもとにした算出結果であり、将来の投資成果を予測・保証するものではありません。運用管理費用は含みません。
日本株式：東証株価指数（配当込み）、先進国株式：MSCIコクサイ・インデックス（円換算ベース）
日本債券：NOMURA-BPI総合、先進国債券：FTSE世界国債インデックス（除く日本、円ベース）

出典：金融庁資料

長期・積立・分散投資、
特に長期で投資できれば勝率はほぼ100%、
利回りも年約5％と
効率的に資産運用が行えます

まとめ
- [ ] iDeCo運用に向いているのは「長期・積立・分散」投資
- [ ] 定期的な積み立てで国内外に分散投資をした場合、勝率はほぼ100％
- [ ] 5年の積み立てでは7回に1回くらい元本割れで終わることもある

046 INDIVIDUAL-TYPE DEFINED
CONTRIBUTION PENSION PLAN

運用の見直し方法は「配分指定」と「スイッチング」の2種類

◉ 掛金の「割合（%）変更」をするか、運用商品を「売って、買う」か

運用の指示の出し方はiDeCoでは2種類あります。毎月の掛金についての「配分指定」と、すでに運用に回っている全資産残高についての「スイッチング」です（各社によって呼び方に若干の違いあり）。

まず毎月の掛金が、いくらずつ、どこに投資されるかを指示するのが「配分指定」です。この指定はiDeCo口座の開設段階で行われていることが多いと思いますが、これを変更します。基本的には「割合（%）」で指定します。将来、掛金額を変更しても自動的に購入額は調整される仕組みです。掛金の配分指定を変更すれば、翌月の掛金から購入割合が変わることになります。ここでは、売買は行われず、「新しい買い方」の指示だけが行われます。

もうひとつの見直し方法は、「スイッチング」といいます。何らかの運用商品と金額を指定して売却し、その金額をもって異なる運用商品を購入する方法です。こちらは必ず「売買」がセットになります。Aの投資信託を売って、Bの投資信託を買う、とか、Cの定期預金を解約してDの投資信託を買う、という具合です。いわゆる「売って、買う」のイメージです。

配分指定とスイッチングは必要に応じて選んだり組み合わせて指示を出していくことになります。例えば投資の割合を高めていくとき、「配分指定」だけを見直した場合、次回以降の掛金だけ投資割合を高めることになりますが、資金全体では大きな変化はありません。必要であれば「配分指定」と「スイッチング」、2つの見直しを行うことになります。

● iDeCoの運用の2つの見直し方法

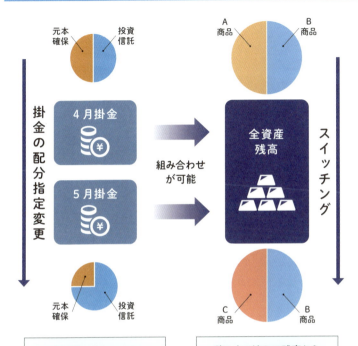

毎月積み立てている
掛金の購入割合や商品を
翌月から変更する

積み立て済みの残高から
変更する商品の金額を指定し
別の商品に変更（売買）する

翌月以降の掛金の購入割合を
変更する「配分指定」と、積み立て済みの
残高から売買を行う「スイッチング」。
上手に使い分けていくことが
ポイントです

まとめ	□ 配分指定は、次回掛金の配分を、割合（％）で変更すること □ スイッチングはAの商品を売ってBの商品を買うこと □ 「配分指定」と「スイッチング」、2つの見直しを行うことができる

047 INDIVIDUAL-TYPE DEFINED
CONTRIBUTION PENSION PLAN

株価が下がっているときの
対応に注意しよう

● 値下がり時はむしろ「安く購入できた」時期と考え株価回復を待つ

iDeCoの資産運用にもし「必勝法」があるとしたら、それは「**株価が下がっているときに焦って売らない**」ことです。

一般的な投資のイメージとしては下がっているときは早めに売り抜ける、という感覚がありますが、これを投資信託をベースにした長期・積立・分散投資で行うとうまくいきません。

たとえば2024年8月は、「国内株、史上最大の下落幅！」のように大きな報道がされていましたが、1カ月を通して見れば、2％くらいしか株価は下がっておらず、その後、回復しました。短期的な急落に焦って売ってしまった人は、むしろ大損だったのです。

ある確定拠出年金のデータでは、**運用でプラスの収益を出している人は95％以上**いますが、**マイナスになっている人の多くが「株価が下がっているとき（リーマンショック後など）にマイナスで売却してしまった人」**と私はみています。

下がった段階で売る、ということは損失が確定したことになります。しかし「もっと下がった段階でもう一度投資し直す」というのは初心者には困難です。かといって、投資信託を売った段階より株価水準が値上がりしたときに投資をしなおしては意味がありません。それなら最初から何もせずに株価の回復を待てばいいのです。

経済は短期的にはアップダウンすることがあっても、最終的には回復し上昇に転じると考えられる人は、短期的な値下がり時に焦って売らないことです。むしろこの時期は「安く購入できた」時期となり、将来の株価回復時には大きな収益を生むことになるのです。

iDeCoの資産運用をプラスにする必勝法

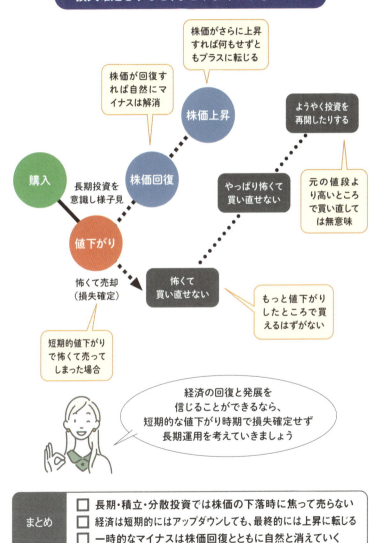

まとめ
- 長期・積立・分散投資では株価の下落時に焦って売らない
- 経済は短期的にはアップダウンしても、最終的には上昇に転じる
- 一時的なマイナスは株価回復とともに自然と消えていく

Column

初心者ほどiDeCoで投資初体験がいい理由

　誰もが投資をする時代が近づいています。NISAを投資初体験のきっかけにする人が増えているようです。NISAはなんと2400万口座が開設されていて（2024年6月末／金融庁）、国民の約5人に1人が利用するところまで来ています。

　手軽にスタートできる投資の税制優遇口座としてNISAを選択する人が多いのは納得です（CMも多いですしね）。しかし、はじめての投資口座としてiDeCoを選ぶ人は多くないようで、これはちょっともったいないことです。

　投資において悩ましいのは「解約の誘惑」です。少し利益が出ると誰もが売却をしてしまいたくなります。そのままもう少し持ち続ければ値上がりしたかもしれないものを、少額の利益欲しさに売却してしまうのは誰でもあることです。2023年までのNISAには5年ないし20年間は非課税投資ができるという「しばり」があってこれが解約の抑止力につながっていました。一方で満期が来ると売ってしまう、という反動もあったことが反省点でした。

　ところが現在のNISAでは非課税投資期間の期限もないうえに投資枠は十分にあるので、利益が出ているとついつい売りたくなる仕組みとなっています。大改正の思わぬ落とし穴になっており、なかなかうまくいかないものです。

　本文でも仕組みを確認したとおり、iDeCoの場合は「売却したところで現金は手に入らない」というのが短期的な売却を止める抑止力となります。ぜひ、iDeCoは60歳まで売らない「超長期投資」を考えてみてください。95％以上の日本人は60歳まで元気ですから、ほぼ確実に受け取れるはずです。

INDIVIDUAL-TYPE DEFINED CONTRIBUTION PENSION PLAN

Part

iDeCoを活用した老後の お金の準備計画

048 INDIVIDUAL-TYPE DEFINED
CONTRIBUTION PENSION PLAN

「老後に2000万円」は
老後の楽しみ予算枠

● 教養・娯楽費・交際費が月5～6万円だとすれば30年で2000万円

　iDeCoは中途解約の制限があるため、基本的に「老後の資金づくり」のための制度です。Part1で述べたように、老後のお金、といえば「**老後に2000万円**」というキーワードがひとり歩きしてしまいましたが、人生100年時代を考えると老後のための準備は計画的に備える必要がある、統計的にも月5万円程度は公的年金が不足していて、これを30年で考えれば2000万円くらいになる、というものでした。

　統計的に見て、「公的年金＝日常生活費」というバランスがおおむね取れています。物価上昇時にも実は年金は増額されており、定期預金の金利より公的年金の増額率のほうが高いくらいです。

　では何が足りないのかというと、「老後の楽しみ予算」です。**教養・娯楽費、交際費に分類される予算がおおむね月5～6万円なのですが、これが「老後に2000万円」の正体なのです。**
「老後に年に一度くらいは夫婦旅行したいよね！」「孫が遊びに来たらUSJに連れて行ってあげたい！」「月に一度は、映画か美術館に行きたい！」のような予算を積み上げていくと、やはり毎月5万円くらいにはなるでしょう。あるいは使いやすい家電や車に買い換えたり、趣味でカメラを始めたりすることも「老後に2000万円」の使い道なのです。

　そう考えれば、iDeCoで積み立てをがんばるのは生きていけないからではなく、老後に楽しいことをたくさんやるため、ということになります。これならぐっとモチベーションもわいてきますね。

●「老後に2000万円」の正体

老後に2000万円

やっぱり年金制度は破たんするの？

老後の生活に年金だけでは足りないの？

↓

それは間違いです

老後の楽しみ予算 月5〜6万円	ここが 「老後に2000万円」！	足りないのは「老後の楽しみ予算」
夫婦の 日常生活費 月22〜23万円 程度	夫婦の 公的年金収入 月22〜23万円	日常生活費はおおむね年金でまかなえる（一生もらえる）

旅行や映画・美術館鑑賞、孫と遊んだりお小遣いをあげるような「老後の楽しみ」が老後に2000万円の本質です。つまりiDeCoを頑張るほど老後は楽しくなる！

まとめ
- ☐ 統計的に見て、「公的年金＝日常生活費」はバランスが取れている
- ☐ 「老後に2000万円」の正体は月5〜6万円の教養・娯楽費、交際費
- ☐ iDeCoで積み立てをがんばるのは老後に楽しいことをたくさんやるため

Part 8 iDeCoを活用した老後のお金の準備計画

049 INDIVIDUAL-TYPE DEFINED
CONTRIBUTION PENSION PLAN

退職金・企業年金をチェックして iDeCoを活用する

◎ 退職金にiDeCoやNISAをオンすれば2000万円はクリア可能

　さて、老後に備えてお金の準備を考えるとき、最初にチェックするべきはiDeCoでもNISAでもありません。会社員の場合、**それは「会社の退職金・企業年金制度」です。**

「老後に2000万円」の火元となった金融庁のレポートには、実は年金生活者の平均資産額は2000万円以上あるという不思議な数字が紹介されています。一方で、**自分の退職金額を定年直前までほとんどの会社員が知らない**、というデータも紹介されています。

　仮に2000万円を老後に向けて貯めるとして、退職金がゼロなのか500万円なのか1000万円なのか、はたまた2000万円なのかで、計画がまったく違ってきます。しかし、ほとんどの人は退職金のことを考えずにiDeCoやNISAだけで老後の準備をしようとしているのです。

　退職金や企業年金制度は社内制度ですから、対外的には情報開示されていません。自分で社内情報をチェックし**「（1）制度があるかないか」「（2）いくらくらいもらえるか（モデル退職金があればイメージしやすい）」「（3）年金払いの選択があるか（企業年金）」**などを確認してみましょう。

　iDeCoとほぼ同様の仕組みを会社の退職金制度の一部として実施していることもあります。これは**企業型の確定拠出年金**と言います。

　もしかすると「退職金や企業年金が思ったより多かった！　iDeCoやNISAを今のペースでがんばれば、2000万円は確実にクリアできるぞ！」となって、がぜんやる気が出てくるかもしれません。

● iDeCoを活用すれば「老後に2000万円」も夢じゃない

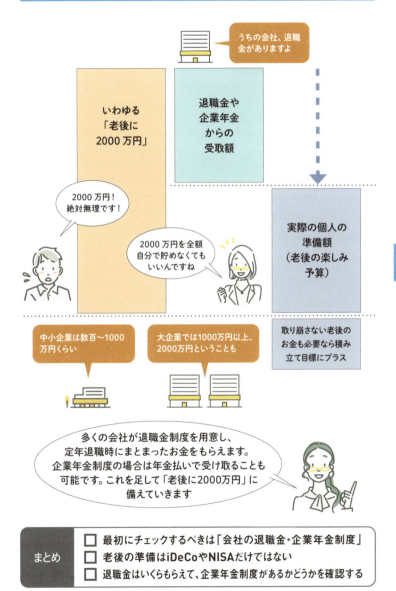

まとめ	□ 最初にチェックするべきは「会社の退職金・企業年金制度」 □ 老後の準備はiDeCoやNISAだけではない □ 退職金はいくらもらえて、企業年金制度があるかどうかを確認する

050 INDIVIDUAL-TYPE DEFINED
CONTRIBUTION PENSION PLAN

iDeCoとNISAを
ダブル活用してみる

◎iDeCoを上限まで積み立てたら、NISAのつみたて投資枠を利用

　iDeCoとNISAはどちらがお得で、どちらを先にやるべきか……しばしば議論になります。人気が高いのはNISAですが、Part2でも述べましたが、私は「iDeCoファースト」を提案しています。

　iDeCoは限度額が小さいからと後回しにされがちですが、逆に考えてみれば「**限度額が小さいのだから先に使い切って、それからNISAにいけばいい**」ともいえます。

　税制優遇については掛金に対する所得控除が効く分、iDeCoのほうがメリットが上回ります。だとすれば「小さい枠を先に埋める」ほうが合理的です。

　解約しにくいことをデメリットとして強調する向きもありますが、逆にいえば虎の子の老後資産が中途解約されずにすむということでもあります。NISAは解約の誘惑と戦う必要がありますが、iDeCoにその心配はそもそもないわけです。

　まずは**iDeCoを開設、上限まで積み立てる**ことを考えましょう。その次に**NISAを開設、つみたて投資枠から利用**していきます。

　個別株の投資をしてみたい場合は、NISAの成長投資枠を使う選択しかありませんので、NISAを活用することになります。とはいえ1社の株（現在は100株単位でしか買えません）を買うのに10〜数十万円はしますから、毎月ひんぱんに買うことはできません。コツコツ定額で行う積み立てをしっかりやることが優先です。

　iDeCoとNISAをダブルで活用すれば、かなりお得に（運用収益は完全に非課税な）資産形成ができます。ぜひ検討してみてください。

● iDeCoとNISAをダブル活用する理由

基本的には「iDeCoファースト」でiDeCoとNISAをダブル活用したい

NISA
- 枠が大きくなりすぎて、むしろ使い切れないおそれ
- いつでも解約できる安心が、むしろ安易な売却を招くおそれ

iDeCo
- 小さい枠のほうが心理的にも埋めやすい
- 老後の資産確保は誰にでも重要な課題

1. まずiDeCoの枠を埋めて積み立てする
2. 次にNISAで無理のない範囲で積み立て

> iDeCoとNISA、どちらが優先かは難しいテーマですが、基本的には「iDeCoファースト」でいいと思います

まとめ
- ☐ NISAとiDeCoどちらかではなく、迷わず「iDeCoファースト」で
- ☐ 税制優遇については所得控除が効く分、iDeCoのほうがメリットあり
- ☐ まずはiDeCoを上限まで積み立て、次にNISAのつみたて投資枠を

051 INDIVIDUAL-TYPE DEFINED CONTRIBUTION PENSION PLAN

夫婦でダブルiDeCoを
考えてみる

◉ 正社員夫婦は、厚生年金もダブル、退職金もダブル & ダブルiDeCo

次に考えてみたいのは「夫婦でダブル iDeCo」です。結婚をしている夫婦の多くが共働きの時代。また若い人を中心に共働き正社員の夫婦が増えています。iDeCoはひとり1口座しか開設できませんが、**夫婦であればそれぞれが iDeCo口座を持つことで、2口座開設が可能**です。

何度か説明していますが、会社員にとって所得税・住民税を軽くする仕組みはあまりありません。住宅ローンを組んだ直後は住宅ローン減税のメリットが受けられますが、**社会人人生を通じて利用できる節税方法は限られており、そのひとつが iDeCo**です。

そう考えれば、iDeCoを夫婦ともに開設しない手はありません。NISAは総枠1800万円と大きいので、「夫婦で3600万円」と急がなくても大丈夫なくらい大きな枠ですが、iDeCoは急いで「夫婦でダブル iDeCo」にしてしまう価値があります。

すでに説明したとおり、**税軽減メリットは使わなければ月単位で失われていきます**。少しでも取り逃さないためにも、毎月あたり少額の積み立てチャンスを活かすためにも、ダブル iDeCoで夫婦ともに積み立てをしたほうが効果的です。

ただし注意したいのは、中途解約ができないこと。子どもの学費準備が十分でないとか、**家計がいつも赤字になっているときには無理をして iDeCoに積み立てする必要はありません**（借金してしまえば金利のマイナスのほうが上回ってしまいます）。

正社員夫婦は、厚生年金もダブル、退職金もダブルです。これにダブル iDeCoも加われば老後は万全の体制が整うでしょう。

社員夫婦は、厚生年金も退職金もiDeCoで老後に準備

| まとめ | □ 夫婦であればそれぞれがiDeCo口座を持つことで2口座開設が可能
□ 税軽減メリットを取り逃さず、少額の積み立てチャンスを夫婦で活かす
□ 中途解約できないので、無理をしてiDeCoに積み立てする必要はない |

052 INDIVIDUAL-TYPE DEFINED
CONTRIBUTION PENSION PLAN

自分なりの老後のイメージに
備える計画を立ててみよう

▶ あなたの「正味の老後のXXXX万円」を割り出して目標を設定しよう

右に紹介しているのは、ざっくりとした「老後のお金の目標額」
を考える計算式です。考えていただきたいのはこういう手順です。

1. 「日常生活費は基本として公的年金でやりくりする」
2. 「若干の日常生活費の不足と老後の楽しみ予算を設定する」
3. 「人生100年を視野に何年分確保したいか考える」
4. 「退職金・企業年金があればその受け取り額を引く」

そうすると、「あなたの老後のXXXX万円」が見えてきます（ステップ3）。生活水準を高めに設定すれば2000万円より多く必要であることがハッキリしますし、シンプルライフでいいと割り切れる人は老後に2000万円もいらないかもしれません。

そして会社の退職金や企業年金を勘案することで、iDeCoやNISAで考えるべき「正味の老後のXXXX万円」も明らかになります（ステップ4）。**自分なりの老後のイメージを持つことが大切**です。

とはいえ、「2000万円クリアできるからもういいや」としないことも大切です。将来の物価上昇（銀行預金の金利は物価上昇率をカバーしてくれない）を考えたり、「葬式代や老人ホーム入居費用として残しておきたい分」などを別途確保しておきたい場合は、ステップ3で考えた金額を超えて目標を高めに設定することも考えられるからです。

いくら準備するかは最終的には個人の問題です。しかし、よくわからない敵に追いかけられるような気持ちで資産形成をやみくもにしていると、必要以上の節約をしてしまい、日々の生活も辛くなります。自分なりの目標を無理のない範囲で設定してみましょう。

● 早見表で「正味の老後のXXX万円」を割り出そう

1 日常生活費は基本として公的年金でやりくりすると考える

⇩

2 若干の日常生活費の不足と老後の楽しみ予算を設定する

⇩

3 人生100年を視野に、何年分を確保したいか考える

⇩

4 退職金・企業年金があればその受け取り額を引く

⇩

あなたの準備するべき「老後のXXXX万円」がわかる

公的年金で日常生活をやりくりできれば老後破産は絶対ない

老後の必要額早見表

金額	25年	30年	35年
月2.5万円	750万円	900万円	1050万円
月5万円	1500万円	1800万円	2100万円
月7.5万円	2250万円	2700万円	3150万円
月10万円	3000万円	3600万円	4200万円
月12.5万円	3750万円	4500万円	5250万円

ぜいたくな老後を送りたければ、老後の予算は増えるということです

自分なりに計算をしてみると、老後に向けた目標がはっきりします。現実的に考えればそれほど怖くない数字になるかもしれません

まとめ
- ☐ 生活水準を高めに設定すれば2000万円より多く必要
- ☐ シンプルライフと割り切れる人は老後に2000万円もいらないかも
- ☐ 自分なりの老後のイメージを持つことが大切

053 INDIVIDUAL-TYPE DEFINED
CONTRIBUTION PENSION PLAN

毎月いくら積み立てれば
2000万円を目指せるか

●「運用利回り」別早見表で老後の目標額を具体化してみよう

　さて、老後に向けた目標額が見えてきたでしょうか。「最初はばく
ぜんとしたイメージが、思ったより具体的になった」と思えたらし
めたものです。

　今度は逆に「**毎月いくら積み立てたら、65歳時点でいくらにな
るか**」をみてみましょう。iDeCoの運用においては「毎月の積立額」
「積立投資期間」「運用利回り」が定まれば、最終受け取り額がシミュ
レーションできます。右ページの表は「運用利回り」ごとに4つの
パターンを作っています。**年0.2％というのは全額を元本確保型商
品に回したイメージ。年3.5％は分散投資をして国の年金運用と同
程度のリスクを取った場合**のイメージです。そのあいだ、**年2.0％
はざっくり「半分が元本確保型商品、半分が投資信託」**だと考えて
みてください。年5.0％は運用が好調に推移した場合（全額を株式
のみに投資する投資信託を買って好調だったなど）になります。

　積立額については、**月5000円だとちょっと物足りない**と思い
ます。運用が好調に推移したとしても、毎月積立額を10000円に増
やしたほうが受取額は増えます。積立額をどのくらいにするか考え
る際の参考にしてみてください。

　夫婦でダブルiDeCoをチャレンジする場合は、それぞれの最終受
取額を合計します。これも効果絶大であることがわかると思います。

　iDeCoを続けるためには少しのモチベーションが必要です。ぜひ
早見表を活用して、**老後の準備を具体化**してみてください。

2000万円を目指す毎月の積立額早見表

年0.2% 全額元本確保型

金額	10年	15年	20年	25年	30年	35年
5千円	61万円	91万円	122万円	154万円	186万円	218万円
1万円	121万円	183万円	245万円	308万円	371万円	435万円
2万円	242万円	365万円	490万円	615万円	742万円	870万円

年2.0% 半額元本確保 半額分散投資

金額	10年	15年	20年	25年	30年	35年
5千円	66万円	105万円	147万円	194万円	246万円	304万円
1万円	133万円	210万円	295万円	389万円	493万円	608万円
2万円	265万円	419万円	590万円	778万円	985万円	1215万円

年3.5% 全額投資（バランス型）

金額	10年	15年	20年	25年	30年	35年
5千円	72万円	118万円	173万円	239万円	318万円	411万円
1万円	143万円	236万円	347万円	479万円	635万円	822万円
2万円	287万円	473万円	694万円	957万円	1271万円	1644万円

年5.0% 全額株式投資

金額	10年	15年	20年	25年	30年	35年
5千円	78万円	134万円	206万円	298万円	416万円	568万円
1万円	155万円	267万円	411万円	596万円	832万円	1136万円
2万円	311万円	535万円	822万円	1191万円	1665万円	2272万円

運用期間、積立額、運用利回りでiDeCoの受け取り見込額を考えてみましょう。夫婦でダブルiDeCoなら2000万円も夢ではありません！

まとめ
- □ 「毎月の積立額・積立投資期間・運用利回り」で最終受取額を予想
- □ 「運用利回り」ごとに最終受取額をシミュレーションしてみる
- □ 「毎月の積立額」による最終受取額の違いを具体化する

● Column

老後に4000万円も視野に入れよう??

　Part 8 では「老後に 2000 万円」を確保する、というイメージで老後のための資産形成をどう計画するか説明してみました。

　こういう話をすると「年金制度が破たんするわけではないことを知って良かった」「退職金も加味するとなんとか間に合いそうでホッとした」のような感想をいただくことがありますが、まだまだ油断はできません。

　まず、「物価は上昇し続けるので、将来の必要額も上がっていく」ということです。私はこれを「老後に 4000 万円かもしれません」という言い方をしていますが、物価が上昇し続けていけば、将来に必要なお金が増えていくのも道理です。月 5 万円不足というのは現在の物価で考えた話ですから、値上がりすれば準備額も月 6 万、7 万…と増えていきます。また長寿化がより進めば、準備年数を 25 年どころか 30 年ないし 35 年を意識し計算する必要もあります。

　さらに「生活水準が高い人はそもそも老後に欲しいお金も多くなる」ということもあげられます。ときどき「わが家は退職金だけで 2000 万円になるので iDeCo は不要ですね」という人がいますが、そういう人の年収は高めで生活水準も高めなので、老後に必要な額も多めになります。年金にプラス 5 万円ではなく月 10 万円なら今でも「老後に 4000 万円」かもしれません。

　貯められそうな人は「iDeCo でもうちょっと多くがんばってみようかな！」も考えてみてください。

INDIVIDUAL-TYPE DEFINED CONTRIBUTION PENSION PLAN

iDeCoを続けていくために必要な手続き

付録 **iDeCoを続けていくために必要な手続き❶**

企業型確定拠出年金のある
会社から転職したとき

　iDeCoと企業型の確定拠出年金制度には「ポータビリティ」の仕組みがあります。スマホの電話番号を携帯電話会社を変えるときに番号を引き継げるのと同様に、自分の資産を引き継げる仕組みです。

　基本的には**「会社の、企業型の確定拠出年金」に加入していて、中途退職した場合に iDeCo に移す手続きを行う**ことになります（iDeCo → iDeCoの金融機関変更も希望すれば可能です）。

　この手続きは、退職した本人が行う必要があります。iDeCoの金融機関は自分で自由に決められますから、退職してからどこにするか決定して、手続きをしてください。

　退職後、半年放置してしまうと、会社は強制的に国民年金基金連合会（iDeCoの実施主体）に出金してしまうことになります。これを自動移換というのですが、手数料が生じるうえに利息は一切つかないなど、確実にマイナスになるデメリットの多い仕組みです。あえてメリットをあげれば、そこまで積み立ててきた資産額は会社に没収されずに全額移されることですが、それだけです。自分でiDeCo口座開設をしておきましょう。

　退職後しばらくすると、会社の制度を資格喪失したことの案内が企業型確定拠出年金の口座を開いている金融機関から届きます。そこに iDeCoに資産を移す場合に必要な情報が記載されています。基本的な手続きはiDeCoを新規にスタートするのと同様ですが、退職した会社の確定拠出年金から資産を引き継ぐための情報も記入します。**不明な点があれば、金融機関のコールセンターに照会**してください。退職した会社に聞く必要はありませんのでご安心を。

ポータビリティの基本的なしくみ

転職

企業型
確定拠出年金
のお金

ポータビリティで
全額持ち運ぶ

iDeCo

勤続3年以上なら、
退職事由を問わず
全額持ち運べます

自動移換にならないように

辞めた会社

退職後
6カ月を経過したら

国民年金基金連合会に
強制的に資産を
移すことになる

国民年金基金連合会
(iDeCoの実施主体)

自動移換されると……

・移換時に手数料が引かれる（4348円）
・毎月事務手数料が引かれる（月52円）
・iDeCo口座へ出金時にも手数料がかかる（3929円）
・利息は1円もつかない

　　　　　　　　　　　　　　　　などのデメリット

自動移換されてしまうと、
資産はマイナスになっていくばかりでいいことが
ありません。退職後に書類が届いたら、
iDeCoの口座開設をし、忘れずに資産を
引き継いでおきましょう

付録 **iDeCoを続けていくために必要な手続き❷**

転職したときに
掛金額が変わる場合の注意

　iDeCoに加入している人が、その働き方が変わった場合、注意しなければならないことがあります。それは**拠出限度額の変更**がありうることです。

　自分が今、月20000円の上限となっていて20000円を設定しているとき、企業年金のない会社へ転職したとしたら月23000円に増額することができます。この場合、自分で会社が変わったことを申告し、掛金の増額手続きをします。もちろん、月20000円のままにしておく、ということもできます。

　掛金が増やせる場合の転職なら、「今はそのままでしばらく様子を見る」ということもできますが、**掛金の上限が減ってしまう場合は、強制的に引き下げ対象となるので、手続きを確実に行っておきましょう。**最終的には国民年金基金連合会のほうで資格チェックが行われ、上限以上に納付し続けていた掛金の差額は強制的に還付されることになります（手数料は自分が負担することになります）。

　月68000円の上限がある自営業者等は、会社員になれば大幅ダウンとなります（企業年金の有無で月20000円もしくは月23000円）。月23000円の上限となっている企業年金のない会社員は、企業年金のある会社に転職をしたか公務員になった場合、月20000円に下がります。

　そのほかの条件としては、自分の銀行口座からの掛金引き落としの場合は、転職時にも引き落としは継続しますが、会社から直接、給与天引きで掛金を引き落とされていた場合は、転職時に当然ストップします。こちらも必ず手続きをして口座指定をしましょう。

転職などで掛金の上限が上がるケース

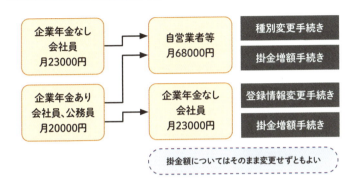

転職などで掛金の上限が下がるケース

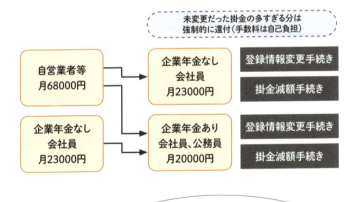

転職で掛金枠が増えた場合は「そのまま」も選択肢ですが、増額したい場合には手続きを(転職の手続きは必要)。転職で掛金枠が減った場合は必ず手続きをしておきましょう

付録 iDeCoを続けていくために必要な手続き❸

年末調整か確定申告か。
税の手続き

　毎年のiDeCoの掛金については、所得税・住民税の軽減効果があるという説明を何度もしていますが、これは掛金を引き落とした段階で自動で得られるわけでなく、**税軽減メリットを得るためには、最低限度の手続きが必要**になります。会社員で毎月の掛金を給与天引きしている場合は、天引きの段階で所得税が少なめに引かれて、住民税の調整（翌年）も自動的に行われるので、手続きの心配はありません。

　気をつけなければいけないのは、自分の銀行口座からiDeCoの掛金を引き落としている多くの人たちです。この場合、「これだけの掛金が引き落としされていて、これは非課税扱いなので、税金の計算から除外してください」という申告が必要になります。

　会社員の場合、社内で年末調整が行われますが、ここでiDeCoに拠出していた額を申告すれば会社が税額の調整や申告をしてくれます。遅くとも11月には国民年金基金連合会から小規模企業共済等掛金払込証明書が届きますので（マイナポータルから電子的に得ることも可能）、これを年末調整書類に添付、申告します。そうすると、所得税の軽減に相当する分が還付対象となり、年末調整で還付金が受けられます。また、会社を経由して申告された情報にもとづき、翌年の住民税の徴収額に軽減分が反映されます。

　自営業者の場合は確定申告で、iDeCoの掛金額について「小規模企業共済等掛金控除」の欄に記入します。確定申告書類は国税庁のWEBで自動計算できるようになっていますので、自動的に反映され、税負担が軽減されることになります。住民税の計算にも自動的に反映されます。必ず申告しておきましょう。

iDeCoの節税メリットは「手続きが必要」

会社員は基本的に年末調整

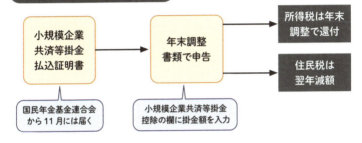

自営業者は確定申告

iDeCoの所得税、住民税軽減メリット、手続きは簡単ですから忘れずに申告しておきましょう

付録 iDeCoを続けていくために必要な手続き❹

60歳以降に受け取るとき

　iDeCoのお金は原則として60歳以降に受け取ります。まず**受け取る年齢（タイミング）は60～75歳到達までのあいだで好きな時期を自分で決められます。**60歳時点ですぐ受け取ってもいいのですが、継続雇用で働くなど65歳でリタイアするなら65歳まで受け取りを遅らせてもいいわけです。そのあいだ、追加の積み立てをしたり運用を継続することもできます（積み立て継続は65歳まで公的年金の加入者であることが要件）。最大で75歳まで受け取りを遅らせることもできます。

　次に受け取り方法は**「年金」**と**「一時金」**を選択することができます。この選択は、どちらかに全振りするだけでなく「半分半分」「7：3」のような形での組み合わせも可能です。現金が必要な分を一時金でもらい、残りは定期的な振り込みにして日常生活に活かす年金受け取りとしてもいいのです。

　年金で受け取る場合、受け取り年数を選ぶこともできます。5～20年の間で定めることとなっており、これだけでも「65～75歳の10年でもらって旅行や趣味に使う」「65～85歳の受け取りとして日常生活費を充実させる」「65～70歳まで短期で受け取り、その間国の年金は受け取らず70歳から42%増の繰り下げで受け取る」のような自由度があるわけです。じっくり検討してみてください。

　また、一部金融機関では終身年金保険を用意しており、これを購入することで、終身年金とすることもできます。ただし低金利環境ではかなり長生きしないと元が取れない可能性もあります。

　受け取り方法の自由度の高さは、iDeCoの大きな魅力のひとつです。上手に活用してみてください。

60〜75歳で受け取り始めることができる

60〜75歳の好きなタイミングで受けられる

- 60歳から受取可
- 60〜75歳の好きなタイミングで受け始められる
- 75歳までには遅くとも受け始める

年金もしくは一時金で受け取る（組み合わせ可）

年金or一時金の組み合わせで受けられる

一時金 or 年金 or 一時金＋年金

年金は受け取り年数も選べる

5〜20年の範囲で受けられる

年数選択可
- 5年有期年金
- 20年有期年金

※生保の終身年金商品があれば終身受け取りも可能

iDeCoは受け取りの自由度が高いことも魅力のひとつ。自分のライフスタイルや資金ニーズをよく考えて決定しましょう

付録 iDeCoを続けていくために必要な手続き**❺**

iDeCoを受け取るときの税金について

　iDeCoの受け取り時には税金の問題が発生します。積み立ての段階では非課税、運用収益も非課税となっていますが、税の原則としては一度は課税を行うルールであり、iDeCoは受取時に課税処理を行います。

　税制としては一時金受け取りと年金受け取りで異なります。一時金受け取りは「退職所得控除」という非課税枠があります。iDeCoの加入年数を、退職所得控除でいうところの勤続年数として計算します。仮に40年積み立てをしたら非課税枠2200万円ですから、多くの場合、非課税で受け取ることができるでしょう。枠を超えた場合も、その2分の1だけを課税することとなっており、また他の所得と分別して税額計算をするので少額の負担にとどまります。

　退職所得控除の名のとおり、会社からもらう退職金（企業年金の一時金、企業型の確定拠出年金の一時金を含む）もこの非課税枠の対象となります。この場合、先に受け取った分からひとつの非課税枠を使っていくイメージです。

　年金受け取りの場合は公的年金等控除の対象となります。まず公的年金収入とiDeCoの年金収入を合算し、そこから公的年金等控除を引きます。超えた分を雑所得として課税します。多くの場合、公的年金を受け取った段階で少額の課税となっているため、iDeCoの年金受け取りは基本的には課税されます。とはいえ現役の会社員時代と比べると年収が低い分、税率も低く抑えられているので、負担は軽いものとなるはずです。ただ、やっかいなのは、**年金受け取りを行うと、iDeCo口座に口座管理手数料や振込手数料がかかる**ことです。

iDeCoは「受け取るとき」に一度だけ課税される

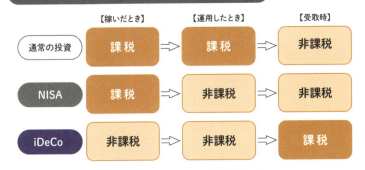

受け取り時の税率は低いため、入口で課税されたあとで投資をするより
iDeCoのほうが有利になる可能性大

一時金受け取りの場合

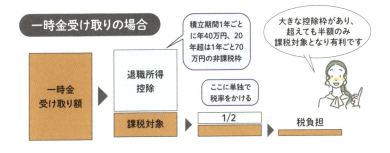

年金受け取りの場合

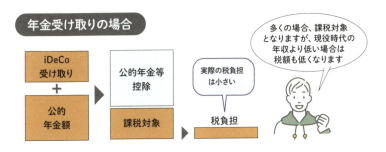

※税制については毎年いろいろな見直しが行われているため、
最新の情報を確認して受け取り時の判断に用いてください。

索引

アルファベット・数字

GPIF（国の年金運用）・・・・・・・・・・・・・・・・・・・82
iDeCo ・・・・・・・・・・・・・・・・・・・・・・・・・・・・・・・・・20
iDeCo口座・・・・・・・・・・・・・52,58,132,140
iDeCoナビ・・・・・・・・・・・・・・・・・・・・・・・・・・・・・50
NISA ・・・・・・・・・・・・・・・24,28,30,88,98,122
S&P500 ・・・・・・・・・・・・・・・・・・・・・・・・・・・・・72
TOPIX ・・・・・・・・・・・・・・・・・・・・・・・・・・・・・・・76
60歳以降の受取・・・・・・・・・・・・・・・26,30,138
60歳以上で加入・・・・・・・・・・・・・・・・・・・48,60

あ 行

アクティブ運用・・・・・・・・・・・・・・・・・・・・・72,84
アセットアロケーション（資産配分）ツール・・・・・83
安定運用型 ・・・・・・・・・・・・・・・・・・・・・・・77,78
一時金・・・・・・・・・・・・・・・・26,46,138,140
インデックス（パッシブ）運用・・・・・・・72,84,86
インデックスファンド ・・・・・・・・・・・・・・・・76,86
インフレ ・・・・・・・・・・・・・・・・・・・・・・・・・96,100
運用益（運用収益）・・・・・・・・・・・・・・・・・・24,30
運用益（運用収益）非課税・・・24,30,40,137
運用管理費用（投資信託）・・・・・57,74,84,86
運用コスト ・・・・・・・・・・・・・・・・・・72,74,86
運用利回り ・・・・・・・・・・・・・・・・・・・・・・・・128
オールカントリー ・・・・・・・・・・・・・・・80,82,86

か 行

外国株式・・・・・・・・・・・・・・・・・・・・・・77,79,83
外国債券・・・・・・・・・・・・・・・・・・・・・・77,79,82
解約控除・・・・・・・・・・・・・・・・・・・・・・・・・・・・92
確定給付企業年金・・・・・・・・・・・・・・・・・・・・・42
確定申告・・・・・・・・・・・・・・・・・・・・・・・・・・・136
掛金額・・・・・34,60,64,104,112,134,136
掛金額区分 ・・・・・・・・・・・・・・・・・・・・・・・・・・60
掛金増額（減額）手続き・・・・・・・・・・・・・・・135

掛金非課税 ・・・・・・・・・・・・・・・・・・・・・・・・・137
課税所得・・・・・・・・・・・・・・・・・・・・・・・・・・・・22
加入可能上限年齢・・・・・・・・・・・・・・・・・・20,48
株価指数・・・・・・・・・・・・・・・・・・・・・・・・・・・・72
株式投資比率 ・・・・・・・・・・・・・・・・・・77,80,82
元本確保型商品・・・・・・・・・・32,56,88,100
元本割れ ・・・・・・・・・・・・・・・・・・・32,93,110
企業型確定拠出年金 ・・・・・・・・・・・・20,42,132
企業年金・・・・・・・・20,36,42,120,134,140
基準価額 ・・・・・・・・・・・・・・・・・・・・・・・・・・108
規制緩和 ・・・・・・・・・・・・・・・・・・・・・・・・20,48
基礎年金 ・・・・・・・・・・・・・・・・・・・・・・・・15,17
基礎年金番号 ・・・・・・・・・・・・・・・・・・・・・・・60
拠出限度額・・・・・・20,34,36,60,102,134
繰り下げ年金 ・・・・・・・・・・・・・・・・・・・・・・・16
高金利・・・・・・・・・・・・・・・・・・・・・・・・・・95,98
口座管理手数料・・・・・・46,50,53,54,140
厚生年金基金 ・・・・・・・・・・・・・・・・・・・・・・・42
厚生年金（保険料）・・・・・・・・・・14,16,38,48
公的年金シミュレーター・・・・・・・・・・・・・・・・14
国内株式・・・・・・・・・・・・・・・・・・77,79,81,82
国内債券・・・・・・・・・・・・・・・・・・・・77,79,82
国民年金基金 ・・・・・・・・・・・・・・・・・・・・・・・38
国民年金（保険料）・・・・・・14,16,38,46,48
国民年金基金連合会・・・・54,59,66,132,136
国民年金の付加保険料 ・・・・・・・・・・・・・38,60
個人型確定拠出年金（iDeCo）・・・・・・・・・20

さ 行

終身年金保険 ・・・・・・・・・・・・・・・・・・・・・・138
住宅ローン控除 ・・・・・・・・・・・・・・・・・・・・・22
住民税・・・・・・・・・・・・・・・・・・・・・・・・・・・・・22
少額投資非課税制度（NISA）・・・・・・・・・・32
小規模企業共済・・・・・・・・・・・・・・・・・・・・・・38
小規模企業共済等掛金払込証明書・・・・・136
少子高齢化 ・・・・・・・・・・・・・・・・・・・・・・・・・10

所得控除……………………22,46,96,122	特定退職金共済……………………………40
所得税…………………………22,30,136	登録情報変更手続き………………… 135
所得税・住民税軽減……22,30,102,124	

な 行

新興国………………………… 72,76,80	日経平均株価225種……………………72
人生100年………………12,118,126	年金積立金………………………………10
信託財産留保額…………………………74	ねんきん定期便………………… 14,60
信託報酬………………………………57,74	年金破たん………………………………10
スイッチング………………………… 112	年収の壁…………………………… 16,46
スーパー定期……………… 32,94,98	年末調整……………………………… 136
税制改正大綱………… 34,39,41,43,45	ノーロード………………………………74
税制優遇………28,30,36,40,102,106,122	

は 行

成長投資枠（NISA）………… 36,122	配分指定………………………………… 112
積極運用型……………………………77,78	バランス型の投資信託………78,82,84,110
節税……………22,46,54,96,124,137	バランス型ファンド…………… 76,80,84
ゼロ円スタート………………………… 102	非課税………………24,26,136,140
先進国……………………………… 72,76,80	非課税枠………………………… 26,140
	ピケティ………………………………… 100

た 行

ターゲットイヤー型投資信託……… 78,81	被保険者……………………………………60
第1号被保険者…………………………38	物価上昇率………… 84,94,96,100,126
第3号被保険者…………………………46	分散投資…………………… 70,76,80,110
退職一時金（制度）…………………………40	ポータビリティ………………………… 132

ま 行

退職金制度………………………20,41,120	満期保有……………………………… 33,91,93
退職所得控除……………………… 26,140	

ら 行

他制度掛金相当額………………… 42,45	リーマンショック………………… 110,114
中小企業退職金共済…………………… 40	リスク………………… 56,70,76,82,98
中途解約…………28,32,90,92,106,124	リターン……………………………………82
長期投資………………………… 110,116	リタイア…………………… 78,106,138
賃金上昇率………………………… 96,100	利回り…………… 32,56,94,128
積立額……………………………36,64,128	レコードキーピング…………………… 66
積立投資………………………… 110,128	老後に2000万円…………12,118,120
つみたて投資枠（NISA）……… 36,122	
低金利………………………………………32	
投資信託…………32,56,70,98,108,110	
投資対象………… 72,76,81,83,84	
投資地域……………………………… 72,76	

143

■ 問い合わせについて

本書の内容に関するご質問は、下記の宛先までFAXまたは書面にてお送りください。下のQRコードからもアクセスできます。なお電話によるご質問、および本書に記載されている内容以外の事柄に関するご質問にはお答えできかねます。あらかじめご了承ください。

〒162-0846
東京都新宿区市谷左内町21-13
株式会社技術評論社　書籍編集部
「60分でわかる！ iDeCo個人型確定拠出年金 超入門」質問係
FAX:03-3513-6181

※ご質問の際に記載いただいた個人情報は、ご質問の返答以外の目的には使用いたしません。
　また、ご質問の返答後は速やかに破棄させていただきます。

60分でわかる！
iDeCo個人型確定拠出年金 超入門

2025年2月6日　初版　第1刷発行

著者……………………山崎 俊輔
発行者…………………片岡　巌
発行所…………………株式会社 技術評論社
　　　　　　　　　　東京都新宿区市谷左内町 21-13
電話……………………03-3513-6150　販売促進部
　　　　　　　　　　03-3513-6185　書籍編集部
担当……………………橘 浩之
編集……………………塚越雅之　松山加珠子（TIDY）
装丁……………………菊池　祐（株式会社ライラック）
本文デザイン…………山本真琴（design.m）
DTP・作図……………冨永浩一
製本／印刷……………株式会社シナノ

定価はカバーに表示してあります。
本書の一部または全部を著作権法の定める範囲を超え、
無断で複写・複製・転載・テープ化、ファイルに落とすことを禁じます。

©2025　株式会社山崎兄弟社
造本には細心の注意を払っておりますが、万一、乱丁（ページの乱れ）や落丁（ページの抜け）が
ございましたら、小社販売促進部までお送りください。送料小社負担にてお取り替えいたします。

ISBN978-4-297-14649-8 C3036
Printed in Japan